大力出奇迹

张一鸣的
创业心路与算法思维

王健平◎著

广东经济出版社

图书在版编目（CIP）数据

大力出奇迹：张一鸣的创业心路与算法思维 / 王健平著．—广州：广东经济出版社，2023.3
ISBN 978-7-5454-8395-6

Ⅰ.①大… Ⅱ.①王… Ⅲ.①张一鸣—传记 Ⅳ.① K825.38

中国版本图书馆 CIP 数据核字（2022）第 106652 号

责任编辑：蒋先润
责任技编：陆俊帆

大力出奇迹：张一鸣的创业心路与算法思维
DALI CHU QIJI: ZHANG YIMING DE CHUANGYE XINLU YU SUANFA SIWEI

出版人	李 鹏
出 版 发 行	广东经济出版社（广州市环市东路水荫路 11 号 11～12 楼）
经 销	全国新华书店
印 刷	三河市华东印刷有限公司 （三河市燕郊冶金路口南马起乏村西）
开 本	889 毫米 ×1194 毫米 1/32
印 张	8
字 数	207 千字
版 次	2023 年 3 月第 1 版
印 次	2023 年 3 月第 1 次
书 号	ISBN 978-7-5454-8395-6
定 价	59.00 元

图书营销中心地址：广州市环市东路水荫路 11 号 11 楼
电话：（020）87393830 邮政编码：510075
如发现印装质量问题，影响阅读，请与本社联系
广东经济出版社常年法律顾问：胡志海律师
·版权所有 翻印必究·

丛 书 序

为标杆企业立传塑魂：商业改变世界，传记启迪人生

在我们的一生中，总会遇到那么一个人，用自己的智慧之光、精神之光，点亮我们的人生之路。

我从事企业传记写作、出版将近15年，采访过几百位企业家，每次访谈，我通常会问两个问题："谁对你影响最大？哪本书令你受益匪浅？"

绝大多数企业家给出的答案，都是某一位著名企业家及其传记作品令他终身受益，改变命运。

可以说，企业家都曾深受成功前辈企业家传记的影响，他们以偶像为标杆，完成自我认知、自我突破、自我进化，在对标中寻找坐标，在蜕变中加速成长。

人们常说，选择比努力更重要，而选择正确与否取决于认知。决定人生命运的关键选择就那么几次，大多数人不具备做出关键抉择的正确认知，然后要花很多年为当初的错误决定买单。对于创业者、管理者来说，阅读成功企业家传记是形成方法论、构建学习力、完成认知跃迁的最佳捷径，越早越好。

无论个人还是企业，不同的个体、组织有不同的基因和命运。对于个人来说，要有思想、灵魂，才能活得明白，获得成功。对于企业而言，要有愿景、使命、价值观，才能做大做强，基业长青。

世间万物，皆有"灵魂"。每个企业出生时都有初心和梦想，但发展壮大以后，这些初心和使命就容易被忽视。

企业的灵魂人物是创始人，他给企业创造的最大财富是企业家精神。

管理的核心是管理愿景、使命、价值观，我们通常将其概括为企业文化。

有远见的企业家重视"灵魂"，其中效率最高、成本最低的方式是写作企业家传记和企业史，企业家传记可以重塑企业家精神，企业史可以提炼企业文化。以史为鉴，回顾和总结历史，是为了创造新的历史。

"立德、立功、立言"，这是儒家追求，也是人生大道。在过去10余年间，我所创办的润商文化秉承"以史明道，以道润商"的使命，汇聚一大批专家、学者、财经作家、媒体精英，专注于企业传记定制出版和传播服务，为标杆企业立传。我们为华润、招商局金融、通用技术、美的、阿里巴巴、戴尔（中国）、用友、卓尔、光威等数十家著名企业提供企业史、企业家传记的创作与出版定制服务。我们策划出版了全球商业史系列、世界财富家族系列、中国著名企业家传记系列等100多部具有影响力的图书作品，畅销中国（含港澳台地区）及国外10多个国家和地区，如日本、韩国、越南及阿拉伯地区等，堪称最了解中国本土企业实践和理论体系、精神文化的知识服务机构之一。

出于重塑企业家精神、构建商业文明的专业精神和时代使命，2019年初，润商文化与曙光书阁强强联手，共同启动"中国著名企业家传记"丛书的学术研究和出版工程。3年来，为了高标准、高品质地持续打造精品图书，我们聚集业内知名财经作家组建研究团队，进行专题研究和创作，陆续出版了任正非、马云、雷军、董明珠、王兴、段永平、王卫等15位中国著名企业家的传记作品，这些作品面世后深受读者欢迎，一版再版。

2022年,我们得到广东经济出版社的大力支持,同步推出《大力出奇迹:张一鸣的创业心路与算法思维》《以慢制胜:钟睒睒的长期主义经营哲学》两部企业家传记作品,通过对两位企业家的成长经历和创业心路的叙述、梳理与总结,为读者拆解普通人的成事密码,提供精神养分与奋斗能量。当然,我们还会聚焦更多优秀企业家,为企业家立言,为企业立命,为中国商业立标杆。

一直以来,我们致力为有思想的企业提升价值,为有价值的企业传播思想。作为中国商业观察者、记录者、传播者,我们将聚焦更多标杆企业、行业龙头企业、区域领导品牌企业、高成长型创新公司等有价值的企业,不断完善"中国著名企业家传记"丛书,重塑企业家精神,传播企业品牌价值,推动中国商业进步。

通过"中国著名企业家传记"丛书的研究创作和出版工程,我们意在为更多企业家、创业者、管理者提供前行的智慧和力量,为读者在喧嚣浮华的时代打开一扇希望之窗:

在这个美好时代,每个人都可以通过奋斗和努力,成为想成为的那个自己。

"中国著名企业家传记"丛书特约策划

2023 年 1 月 18 日

序 言

  在腾讯、阿里巴巴、百度执掌中国互联网霸权的格局中,谁能脱颖而出并后来居上?这家新贵将采用哪种商业模式、运用哪种战略,让自己从小到大、从大到强?颠覆者会不会成为新的"霸主",成为被颠覆的对象?

  这些问题在中国互联网行业乃至整个企业界被追问了将近10年之久。随着一批新千亿美元市值互联网公司诞生,答案逐渐浮出水面。"大力出奇迹!"凭借这句话,字节跳动创始人张一鸣让自己成为答案。

  你可能对张一鸣有些陌生,但肯定知道抖音(TikTok)。截至2021年9月27日,抖音宣布,其全球月活跃数已突破10亿大关。此前,抖音就成为全球第一个下载量达到30亿的非"脸书"应用。

  根据《华尔街日报》援引权威云基础设施公司Cloudflare统计榜单的报道,抖音(TikTok)在2021年成为全世界访问量最大的网站,击败了谷歌。

  时间退回去6年,是抖音诞生的日子。很难有人能想象,从北京海淀区北三环走出来的这个软件,居然迎风生长,转瞬间成为挑战全球移动互联网应用第一王座的英雄。

写下这个奇迹故事的,就是张一鸣和他的字节跳动。

张一鸣的创业故事早在2005年就开始了。他经历了"酷讯""饭否"的起伏,最终凭借"九九房"在移动互联网时代站稳了脚跟。2012年,张一鸣创办字节跳动,推出"今日头条"App,以独有的内容推荐分发机制撼动中国移动互联网行业版图,奠定了字节跳动的成功基础。随后,张一鸣又打造出"抖音""西瓜视频""懂车帝"等手机应用,形成坚实深厚的字节系产品矩阵。

8年来,张一鸣如武侠小说中那内功绵绵不绝的少侠,将深厚功力如波澜般一层层推向广袤的移动互联网市场,领导字节跳动成为估值千亿美元的巨型独角兽公司。传统的"BAT"(百度、阿里巴巴、腾讯)三巨头中,"B"不知不觉地变成了字节跳动(ByteDance)。凭借"今日头条"和"抖音"产品带来的丰厚流量,这家企业的触角随处可见:新闻资讯、短视频、直播、电商、社交、综艺、游戏、网剧、电影发行、娱乐经济、音乐流媒体、教育、电子签名、企业应用、搜索、车联网、云服务、金融……可以说,字节跳动未来广阔,一望无际。

张一鸣的个人财富也迅速升值,在书写创业神话的同时,他也写下了财富的奇迹。2018年,福布斯中国财富榜上还难觅他的踪迹,但到2019年,他就以1145.5亿人民币位居第10位。2020年初,他以162亿美元位列福布斯全球富豪榜第61位。

38岁的张一鸣是中国最年轻、最成功的白手起家富豪之一,被官方评为"中国改革开放40年百名杰出民营企业家"(2018年),登上过美国《时代》杂志"全球百位最具影响力人物"榜单(2019年度),还被《财富》中文版评为"2020年中国最具影响力的50位商界领袖"。

人生盛年未到,张一鸣就拥有了亿万普通人难以企及的财富、荣誉和事业,他的名字与整洁的白衬衫、朴素的无边框眼镜和不断提高的英文演讲水平相联系，注定被中国商业史所书写。

但是，10余年前，张一鸣看起来还和你我一样，只是一名普通的年轻人。张一鸣上大学时，申请调专业，给女生修电脑，组织同学外接项目。毕业后，他带着老婆北漂，挤地铁上下班，时常"996"加班，大学时买的凉席用了10年。工作之余，他吃街头烧烤、看金庸小说、听流行音乐，他玩微博、豆瓣、列书单……

张一鸣是如何步步攀登，走过无数风景，实现今天的宏图伟业的呢？究其原因，不外乎如下六点。

其一，追求明确。极致自律，才有极致成功，而前者来源于极致的"贪婪"。从学生时代开始，张一鸣无论是学习、读书，还是就业、交友，甚至恋爱、结婚，都具备异常清晰的目标感。这种对目标的追逐，让他很早就清楚自己想要怎样的工作与生活。一旦选定，他决不撤回，因此远离了通往目标路上的种种诱惑。唯有保持这种学子般的单纯感，他才能获得纯粹而集中的创新力量。

其二，持续成长。从学校到职场再到创业，张一鸣始终在追求成长。从"酷讯"时代更改整个团队的程序Bug，到"九九房"时代自行研发推广移动程序，再到打出未来的"今日头条"，他所做的事情对社会影响越来越大，收获的回报也越来越多。

张一鸣身上所体现出的成功者气质，其实并非与生俱来的，也不是通过一两次"赌对了"塑造出来的。刚迈出大学校门时，张一鸣的学历、技能和性格都谈不上是最耀眼的。相比同龄人中的佼佼者，他没有被车子、房子、位子所限制，而是执着追求改变。当人生"中盘"起始时，张一鸣才以更短的输入输出循环周期，将成长加速度提升到足以突破环境的奇点，爆发出刷新整个行业的高效能量。

其三，延迟满足。在人人都渴望迅速成功的时代，"财务自由""阶层跨越"的口号铺天盖地，让人不由自主地将欲望解读为梦想。

但张一鸣不同，他始终强调"延迟满足"。这一重要的心理学概念，最初曾被他用于在面对创业困境时的自我疗愈，之后又很快融入了他做人做事的法则中。张一鸣摒弃了年轻创业群体常见的急功近利，他以"延迟满足"树立团队信心，指导企业发展，平衡内心与外界、商业与社会之间的矛盾。

最重要的"延迟满足"，体现在张一鸣的思维方向上。当张一鸣始终瞄准目标时，主观的焦虑与外在的阻碍，随着短期利益被放弃而逐一消解。与此同时，他的奋斗信念和自我控制，让他的力量变得越发强大。

其四，透明高效。张一鸣说："人才不是核心竞争力，机制才是。"生于20世纪80年代，他清楚地意识到，从社会到行业，过去曾有的壁垒正在被逐一打破，而他身处的互联网行业也绝非由垄断或者绝密技术主宰。一个好的产品，必须有高效运行的组织团队来维护和支撑，一个好的公司，更不可能以"黑箱"形态持续运行。因此，张一鸣在建立公司之初，就致力于将字节跳动变得更为开放与透明。这体现在他始终提倡的成员年轻化，也表现在公司绩效考核与内部管理的整套战略建构理念中；更重要的是，他愿意为此保持自我本色，并用这种透明高效的个人本色尽可能地感染身边每个人，形成"字节范儿"的新型互联网企业价值观。

其五，无惧竞争。近年来，"字节跳动"的四处出击堪称全球互联网企业竞争格局的典型现象，这很容易给人一种错觉，即张一鸣因为"财大气粗"而变得野心膨胀。

实际上，张一鸣从来都是积极果敢、争强好胜的，只不过，这些都曾被隐藏在其谦和儒雅的外表之下。

8年前,选定"今日头条"的突破方向之时,张一鸣就知道自己面对的是互联网巨头的铜墙铁壁。但他不为所动,埋头冲击,他不断在正确的方向灌注个人与组织的力量,终于打穿了看似强大的联盟阵线。

此后,他带领字节跳动不断挑战巨头,越战越勇,其对手也升级为"脸书""推特"这样全球重量级的互联网企业。这种白手起家而无所顾忌的姿态,既继承了中国改革开放以来每代创业者的宝贵精神力量,又注入了新时代年轻人独有的澎湃热血。

其六,低调为人。与竞争的张扬相比,张一鸣本人又是低调的。迄今为止,他没有任何不良嗜好与花边新闻。剥去全球富豪的光环之后,他是平静家庭内的儿子、丈夫和父亲,也是为许多人带来美好回忆的同学、同事和朋友,更是字节跳动员工口中的"一鸣童鞋"。

尽管身家千亿,张一鸣却未曾有过高高在上的姿态。他不会动辄以人生导师的形象谆谆教育年轻人,也不会将个人的事业历史和未来目标挂在嘴边。从大学开始的程序员工作,在其人生经历中刻下了不可磨灭的烙印,使其气质与个性始终更为接近务实的工作者,而不是喜好被媒体聚光灯跟踪的焦点。这种"人设"形象,为他在年轻一代中增加了好感,也拓宽了个人与企业的包容与发展空间。

即便在全世界成功企业家名单中,张一鸣仍是最年轻的。随着字节跳动全球化发展节奏加快,他"大力出奇迹"的故事将越来越广为所知,很多人都希望追溯其经历、眺望其未来,并期待从中寻找到能带来启迪的宝贵经验。

这本书以时间为脉络,以张一鸣事业发展的起伏变化为经纬,向人们展示了这样一个人物:在他身上,奇妙地融合了种种原本矛盾的因素,那里有传统读书人的耿直影子,也有现代企业家的利益追求;有东方客家人的厚实底蕴,也有西方硅谷商业文化的折射;有强调"延迟满足"的自我行为约束,也有推崇"即时满足"的产品价值取向……

毋庸讳言,张一鸣与字节跳动,依然存在种种缺点,需要不断克服。但无论如何,作为中国互联网行业发展的里程碑,他和字节跳动的名字,将会与抖音一样,影响更广阔的世界,引发更多的关注与支持。

王健平

2022 年春

目 录

第一章 从学习走向创业

培丰镇少年 / 003

三分钟选定大学 / 007

电脑、烤串、女朋友 / 012

第一次创业试水 / 015

在酷讯的日子 / 019

第二章 在时代积累中爆发

饭否前后事 / 027

九九房初试鸣声 / 031

知春路字节跳动 / 036

移动互联网时代的算法 / 042

从试水到爆发 / 046

第三章 挑战与争议

金钱之路 / 051

挑战门户网站 / 058

直面版权争议 / 062

现金补贴，让头条号更美丽 / 067

在整改中成长 / 070

第四章 年轻的跳动

网状组织，强大中台 / 077

"不成熟"的企业文化 / 081

年轻化的公司 / 085

皮皮虾，健康搞笑生活方式 / 089

懂车帝，专业汽车资讯提供者 / 093

第五章 All in 短视频

抖音诞生 / 099

全民参与推广之路 / 103

赋能与被赋能 / 107

与微视的战争 / 112

谁不曾被黑，坚持自我逻辑 / 116

第六章 重围下的努力

悟空问答，迎接知识付费时代 / 123

值点与新草，电商搅局者 / 127

多闪与飞聊，社交是永远的主题 / 131

面向百度，发起挑战 / 136

游戏赛道，不凡的棋局 / 140

第七章 全球化战略

务实的浪漫 / 145

品牌与责任之变 / 149

直面新世界 / 153

最大独角兽的资本路程 / 158

新高管团队，重整国际化征途 / 162

退居幕后，把握生态平衡 / 165

第八章 运营，以人为核心

像 HR 那样创业 / 171

让年轻员工挑大梁 / 175

透明化带来信任 / 179

每个人都是工作节点 / 187

第九章 有性格，有成功

用小我成就大格局 / 193

做正确的事，而不是容易的事 / 196

希望，来自想象和人性的均衡 / 199

自省的同时，也要大力出奇迹 / 202

追求成就感，要在挑战中来劲儿 / 206

第十章 新财富缔造者

阅读者张一鸣 / 211

逃逸平庸，方可抵达不凡 / 215

延迟满足，加速伟大 / 219

不可自负，更不可理性地自负 / 223

进化系统，再被系统进化 / 226

附录

张一鸣大事记 / 229

张一鸣名言录 / 234

第一章
从学习走向创业

1983年3月,《第三次浪潮》被悄然翻译,引进中国。阿尔温·托夫勒在其中列举出人类文明的前两次浪潮:从原始野蛮的渔猎时代进入以农业为基础的社会,再从田园牧歌的农业社会,闯入蒸汽轰鸣的工业时代。他预测,伴随第三次浪潮的到来,脑力劳动与体力劳动之间的界限将模糊,越来越多的生产者接触到的是字符、思想、信息,而不是传统意义的产品。

此时,国内经济改革的大幕徐徐拉开,社会运转节奏尚未加快,这本小书当时仅印刷了2万本用于内部发行,可谓影响寥寥。几乎无人想到,未来中国将掀起预言中的信息革命浪潮,其澎湃之力冠绝古今,改变了每个普通人的生活。

正是这一年,张一鸣出生了。

培丰镇少年

38岁的青年张一鸣，用不到10年的时间，让全世界传统媒体在算法力量前目瞪口呆，也让他的个人资产如变戏法般从0积累到千亿人民币，让抖音和今日头条几乎成为亿万中国人手机的标配，也让无数业界人士惊呼"BAT[1]的对手来了"。无论其事业将如何发展，他已然是互联网界的新传奇。

但在培丰镇，人们提起这个名字的时候，眼神里依旧藏着当年的小男孩的模样。

培丰镇属永定区（2014年之前名为永定县），距离福建省龙岩市中心只有20公里。永定以客家祖地与宏伟土楼享誉东南，龙岩则是著名的革命老区，因"古田会议"在中国革命史上留有浓墨重彩的一笔。21世纪以来，互联网经济崛起，龙岩又与响当当的企业家名号联系起来。

在地图上，以古田会议会址廖家祠堂为圆心，以100公里为半径，能画出看似不起眼的圆圈。这里，走出了被人津津乐道的互联网"龙

---

[1] B指百度、A指阿里巴巴、T指腾讯，是中国三大互联网公司百度公司（Baidu）、阿里巴巴集团（Alibaba）、腾讯公司（Tencent）首字母的缩写组合。

岩三杰"：美团创始人王兴[1]、雪球网创始人方三文[2]，以及字节跳动的创始人张一鸣。在排名稍后的互联网企业家中，还有更多的龙岩人面孔，其中仅仅在永定区，就走出了重庆博恩科技（集团）有限公司创始人兼CEO、猪八戒网投资人熊新翔[3]，十点读书创始人林斌炜，保障网创始人张志标……

培丰镇曾经盛产煤炭，近百个煤洞同时开工挖煤，那时的镇里处处都是外地人。很早之前，这个不大的镇子，就凭借着煤矿带来的财富，建起了两所初级中学、两家医院、一个电影院、一个百货商场、一个汽车站，具备了良好的社会基础设施。

1983年，镇上的企业管理站站长张汉平喜得贵子。

永定张氏有4万余人，都是南宋中宪大夫（正四品）张化孙的后裔。张汉平从培丰乡下的孔夫村走出，成为正式的国家事业编制干部，他秉承崇文尚武的客家血脉，日常打交道的多是精明干练的生意人，对孩子寄予了很高的期待，为其取名"一鸣"。

转眼间，张一鸣上小学了，成绩优异，性格沉静，唯猜拳时高调。龙岩人喜酒，逢酒则必划拳，张汉平时常败北，张一鸣便替父上阵，每次都能独占鳌头，举座皆惊，纷纷赞叹这孩子将来必能做一番大事，让张汉平在醉意中喜上眉梢。

---

[1] 1979年2月出生于福建龙岩，1997年从龙岩一中保送到清华大学电子工程系无线电专业，2001年从清华大学毕业。人人网（原校内网）创始人、饭否网总裁、美团网创始人兼CEO。

[2] 1975年出生于福建龙岩武平县，1997年毕业于北京大学中文系，先后在《南方周末》《21世纪经济报道》《南方都市报》和网易任职。2010年离开网易，创办雪球网。

[3] 1968年出生于福建龙岩永定县，毕业于电子科技大学。重庆市博恩科技（集团）有限公司董事长兼CEO、重庆易一天使投资有限公司董事长兼创始人、重庆易极付科技有限公司CEO、重庆猪八戒网络有限公司董事。

张汉平后来辞去公职，到东莞开办了电子产品加工厂。他回来时，会和做护士的妻子聊产品、技术、投资、市场。这些成了张一鸣童年时耳熟能详的讯息。当同龄孩子还在玩过家家时，他已触碰到改革开放的时代脉搏。

夫妻俩并没有给张一鸣的成长施加太多干预。在他考上永定一中后，一切也都随他的兴趣。

实际上，张一鸣并没有多少兴趣空间能发展。

1995年，像王兴那样凭家庭的优渥经济和人际圈子，享受县邮政局专线上网的幸运孩子，毕竟只是少数。生活在如此狭小的镇子上，性格文静的普通男孩注定只能热爱阅读——虽然这样的兴趣，在抖音大行其道的今天，不再是许多孩子的真正爱好。

从初中开始，张一鸣养成了"重度信息搜集"的习惯。张家并非富豪，但支持他这种兴趣也并不费力。他每月要买十几份杂志、二十多份报纸，将所有零花钱用完仍乐此不疲。从科技数码到社会国际，从历史故事到政治风云，他几乎都感兴趣，甚至连报纸中缝的字也不放过。

热爱阅读的习惯，让张一鸣没有时间叛逆，他逐渐养成高度自律的人格。此后，他始终没有任何不良嗜好，几乎不娱乐，甚至连运动也只是为了健康，而并非源于兴趣。

2015年，或许是为了弥补某些缺失的体验，张一鸣走进影院，看了根据冯唐小说改编的《万物生长》。韩庚饰演的男主角在银幕上抽烟、喝酒、打牌，谈各种各样的恋爱，约各式各样的架，张一鸣平静地看着。当射灯亮起时，张一鸣长出一口气，不可思议地感慨道："他们怎么过得这么混沌啊，浪费好多时间，我从来不浪费时间……"当然，他承认："这个也挺遗憾的，但是想想，可能体验了这个，现在就不知道在干什么了。"

张一鸣坚定安然的人生态度，形成于他的少年时代，得益于丰富全面的信息获取。张一鸣很早就开始去理解人生和世界的真相，这表现为他很清楚自己想要和不想要的东西，并能将自身体验的细节作为事例加以列举，去说服自己和他人。

上初三时，张一鸣的化学课成绩很好，但当他开始接触化学实验时，却感到失望。为了一次实验成功，他要麻烦地去检查酒精灯和洗涤烧杯、试管，然后按部就班地摆弄化学试剂，最终得出教科书上早就列出的一小串结论。

张一鸣无法接受如此缓慢的执行与反馈过程，他决定以后远离化学专业。他很幸运，无论在家庭还是学校，都没有任何强势的声音粗暴否定他的类似想法。他进而确认，自己喜欢操作便捷、结论明确、参与感和成就感都更强的学科。此时，他尚不清楚，顺着对心流[1]的追求走下去，他很快会抵达计算机的领域，仰望互联网技术的圣山。

---

[1] 心流（Mental flow）在心理学中是指一种人们在专注进行某行为时所表现的心理状态。在此状态时，人们不愿被打扰，也称抗拒中断，从而将个人精力完全投注在某种活动上。心流产生的同时，会带来高度的兴奋及充实感。对不同的人而言，使心流发生的活动具有多样性。

三分钟选定大学

2001年7月末,高考奋战的硝烟散去,学子们如最后一次归巢的雏燕,从永定县的四面八方,飞回凤凰山脚下的永定一中,填写可能决定终身走向的高考志愿。

一直以来,无论官方或民间,都有着"考得好不如报得好"的说法。考生志愿,表面上看只是考生所选报的院校和专业,反映个人志向、愿望、爱好、个性与能力,但实际上却是考生与院校乃至社会之间的"双向选择"。一方面,考生通过填报志愿,表达自己向往何种院校、喜欢什么专业;另一方面,高校又以所有收到的志愿作为录取的基本依据,从报考者中择优选拔合格新生。

当志愿填报表分发下去后,原本热闹的高三教室顿时安静了。学生们都凝神静气,慎重地考虑即将写下的每个字。毕竟,志愿填报只有一次。

张一鸣却是其中的另类,他只花了三分钟时间思考,然后在第一志愿栏内笔走龙蛇,写下"南开大学"四个字。

这三分钟,改变的不仅是他,更是未来中国移动互联网的商业格局。

在永定一中,张一鸣始终属于"学霸"行列,这使他在填报志愿时有广阔的选择空间。从高二开始,他就开始积极思考自己未来的学习环境，经过反复慎重的考虑，他确定了四个标准：

第一，必须是综合性大学，保证男女比例正常，方便找女朋友。

第二，作为生活在海边的福建人，大学也必须靠海，这样才能吃得上海鲜。

第三，要离家远，可以逃离小县城的人际关系，避免人还没回家，考试成绩和在校表现就已传到父母耳朵里。

第四，从小到大没见过下雪，大学的冬季必须有雪。

确定好"搜索"标准后，张一鸣变身为"搜索引擎"，利用所有可能的渠道，从图书、报纸、期刊、老师、同学、父母的朋友那里，获得每所高等院校的信息，然后再筛选并逐一排除。最终，在检索信息库中，他筛除了那时全国112所重点高等院校中的111家，只留下一所学校的名字——南开大学。

南开大学创建于1919年，是周恩来总理的母校。抗战时期，南开曾与北大、清华在昆明组成西南联合大学，被誉为"学府北辰"。南开大学校园景观丰富，建于1963年的主楼沿中轴对称，气势雄伟。主楼前面的广场中坐落着周总理雕像，雕像后的基座上刻有"我是爱南开的"几个大字。主楼后的广场中悬挂着校钟，两边的铜铸支架也呈钟形，支架上架有横梁，每逢新生入学或毕业生离校时，都会鸣钟纪念。

张一鸣报考南开大学时，这所学校已经是教育部直属重点综合性大学，是国家首批"211工程"和"985工程"重点建设高校，培养出了大批杰出人才，享有很高的社会声誉。最重要的是，南开大学符合张一鸣的四项条件。

确定南开大学为报考学校之后，张一鸣在专业栏填下了"生物学"。

此时，生物学专业被炒得十分火热。1996年克隆羊多莉诞生，2000年人类基因组草图完成，2002年中科院北京基因组所成立……

报纸杂志上经常能看见"21世纪属于生物学"的论断，这些无疑都打动了张一鸣。高二时，他还参加过全省生物竞赛并获了奖，学习了北大教师编著的《普通生物学》，这本书对他影响很大。直到2018年，在与清华经管学院院长钱颖一的对话中，他依然记得为何当年那样痴迷生物学。他说："生物从细胞到生态，物种丰富多样，但背后的规律却非常简洁优雅，这对于你设计系统或者看待企业经济系统，都会有很多可类比的地方。"

收到录取通知书后，张一鸣发现自己并没有被南开大学生物专业录取，而是被调剂到了微电子专业。尽管如此，张一鸣依旧踌躇满志，走出了故乡。

如果南开大学生物专业录取了张一鸣，或许，今天的中国，将多一位生物学者，却少了一位互联网企业家。

有个段子这样说："生物学从天上研究到地下，从生物起源到进化没有学不到的，如果不是因为毕业找不到工作，那可就没毛病了。"写下这个段子的人名叫史炎，他是上海交大生物工程专业的高才生，却成了《今晚80后脱口秀》节目捧红的职业脱口秀演员。在他之前，生物学博士黄西来到美国，成就了精彩的演艺事业。更早之前，北京的一位高考女生放弃了去厦大学生物的机会，转而去香港拜师学歌，成为后来的歌坛"天后"，她的名字叫王菲……

生物专业本身的前景并非真的如此狭窄。但是，按照"雪坡理论"[1]来看，这门学科显然并不适合张一鸣的性格与追求。张一鸣

---

[1] 雪坡理论：该理论最早源于巴菲特的名言"人生就像滚雪球，重要的是找到很湿的雪和很长的坡。"在个人事业发展领域，"雪"是指行业生态，"坡"指行业前景。"雪"越深意味生态越好，"坡"越长意味前景越广。个人瞄准的求学或就业领域，如果能同时满足这两大要素，即可在未来获得丰厚回报。

更需要长长的坡道、厚厚的积雪，让自己的智商与性格在其上迅速滚动，积成令人目眩神迷的杰出事业。

收到录取通知书后，为了有所对比，张一鸣先去厦大参观，又去了广州中山大学，最后踏上了向北疾驰的列车，参观了清华和北大。这一圈游历，让他更期盼南开大学的美好大学生活。面对车窗外迅速掠过的风景，年少的张一鸣眼前出现漫天飘舞的鹅毛雪花，宁静的校园里，走过三三两两的美丽女生，自己将寻到红颜知己，一起大快朵颐海鲜美味……

走出天津火车站时，张一鸣才明白，所谓的"滨海大都市"天津，与想象中有很大出入。他打了辆出租车，直奔南开大学校园，路上映入眼帘的是灰暗的卫津河。此时，这条城市内河尚未开始改造，让他印象不佳。

带着仅存的期盼，张一鸣到了南开大学老体育馆门口下车。一眼望去，感觉建筑破旧而单调。张一鸣被分配住进位于王顶堤的儒苑大学生公寓，这里景色乏味，娱乐匮乏，公寓没有阳台。透过宿舍的窗户，别说女生，有时连人影也看不见，只有马路对面低矮老旧的小区楼房默默伫立。张一鸣每天早晨要和同学们蹬20分钟的自行车，经复康路抵达南开大学校园。

南开大学本科生都住在校外，上午上完课不能回宿舍，自习室天天满座，连占位都不容易。张一鸣只能设法去"蹭"紧邻南开大学的天津大学的自习室。他也曾在午休时走出校园，在城市里逛逛。两趟下来，他发现南开大学附近根本没有清华五道口那般热闹繁盛的商业区，学校东门的卫津路平淡无奇自不必说，连天津最有名的滨江道，在他看来似乎也只是"小卖部一条街"。

环境的不如意，多少让张一鸣对专业的不满被放大了。他发现微电子专业同样枯燥,自己经常要花两个多小时,才能在面包板[1]上做出一个正弦波信号发生器[2],却经常无法成功发射。

这样的学习持续了一年多,到大二时,张一鸣没有看到任何成果。为了尽早结束这种日子,张一鸣开始不间断地蹲守在系主任办公室门前,只要有机会,就向主任"哀求"转系。最终,主任同意了,张一鸣从微电子专业顺利转到软件工程专业。

这次转专业,在南开大学只是一件不起眼的小事,但却开启了张一鸣的新生。2019年10月,张一鸣慷慨地向南开大学捐出1.1亿元人民币,这饱含着他对母校的浓厚情谊,也是他对南开大学包容与开放姿态的巨大回报。

[1]专为电子电路的无焊接实验设计制造的底板,其上预设了许多小插孔。
[2]电子电路设计、自动控制系统和仪表测量校正调试中应用很多的信号发生装置和信号源,属于数字信号发生器。其产生信号频率成分最为单一。

电脑、烤串、女朋友

转专业之前,张一鸣已是学院的电脑达人。

大一大二时,许多学生正波澜不惊地打发着大学生涯。除了上课外,他们享受着自由时光,打牌、喝酒、玩游戏,晚上到学院后的路边摊吃烤串,周末则去"翠亨邨"吃水煮鱼。张一鸣的爱好则显得格格不入。

为了消解微电子专业实验的无聊,张一鸣投向了电脑软件工程的怀抱。从大一开始,他就买了台电脑放在宿舍,用于搜索信息、学习编程,并很快成为学校软件工程论坛版块上的知名人物。后来当他转到软件工程专业,师生们问候他的话也是如出一辙:"原来你就是张一鸣啊!"

对电脑的兴趣,构成了张一鸣在大学时主要的社交网络基础。他后来回忆说:"作为一个不怎么参与集体活动的理工男,怎么保持社交呢?主要靠修电脑和编程建网站。"

大二学期期末,张一鸣的电脑主机在宿舍离奇被盗,剩下的显示器成了摆设。他问同屋的梁汝波,是否愿意去买台主机,和自己剩下的显示器凑成一对,电脑使用权双方共享。为了打动梁汝波,张一鸣承诺,等大四毕业时,显示器也可以送给对方。

梁汝波与张一鸣有很多共同语言,他虽然学习微电子专业,私下也热爱编程与代码。两个人一拍即合,完成了这次共享交易。大三时,张一鸣转学到软件工程专业,整台电脑的所有权都转给了梁汝波。尽管如此,俩人越发熟络起来,他们经常趴在电脑前研究编程,每周末都结伴打乒乓球和羽毛球,几乎形影不离。

梁汝波发现，绝大多数同学参加运动，是因为兴趣爱好，而张一鸣纯粹是出于觉得"人应该锻炼"而坚持。张一鸣理性而富有原则性的处世态度，让梁汝波颇为佩服。他始终是张一鸣的好友，并在日后加入字节跳动，成为张一鸣事业上的左膀右臂。

除了软件工程方面的学习外，张一鸣还热衷于帮人装配和维修电脑。那时，电脑在大学校园还尚未普及，张一鸣还混迹于"天津硅谷"鞍山西道，时常陪着同学们跟精明的老板们谈价格、选配件，然后义务帮同学组装。10余年后，他参加同学聚会，和人打招呼的方式依然是："嗨，你的电脑还是我装的呢！"

与很多人用电脑玩游戏不同，张一鸣以电脑赚钱。因为会编程，他接到了不少外包项目。大四时，他已每月收入两三千元，也为同学们介绍了不少工作机会。为了筛选出优秀人才，张一鸣利用担任编程技术社团主席的机会，组织了写代码比赛，然后将比赛中斩获名次的同学尽数招揽到身边。伙伴们一起为项目熬夜之后，他会爽气地请大家去吃烤串，一周两三次。当时一起吃烤串的人，后来有许多都相继加入了字节跳动，与梁汝波一样，成为公司高管骨干。

最让张一鸣难忘的收获，莫过于凭修电脑追到了大学女友。

那时，男生帮女生修电脑还没有带上别样的意味。"宅男修电脑"是在2009年前后才成为人尽皆知的"梗"，并伴随一篇名为《如何正确到女生家里修电脑》的网文而走红。在这方面，张一鸣堪称先驱。他将"交女友"作为重要的高考志愿选择因素。尽管自号"道德状元郎"，但他却从未放弃校园恋爱的机会。

大三的某天，张一鸣的老乡兼女同学电脑坏了，他照例去帮忙维修。回来后，他兴奋地坐在梁汝波桌前说："哇，她们宿舍一个女孩子不错！"

张一鸣很少这样称赞女生，梁汝波感觉他上了头。

张一鸣从不上头，但他对女孩上了心。在好友的支持下，张一鸣总跑到那间寝室修电脑，和那位女生聊天。聊天很快从线下转到了线上的校内论坛,不久后两人又约出来见面。缺乏经验和套路的张一鸣直截了当地向女生表白,被果断拒绝。但他没有气馁,照样约女生出来玩。在他看来,表白只不过是通知而已,对方就通知内容产生了不同意见,但己方的行动依然要继续。

三个月后,他们去了趟北戴河,玩到身上只剩下最后几个硬币。张一鸣不假思索地对女孩子说:"我们现在去把钱花光。"他们带着叮当作响的硬币走进网吧,回到学校时,已然在夕阳下手牵手。这个女生从此陪在张一鸣身旁,成为他的妻子。

这个爱情故事的开头,与后来的"修电脑梗"完全相同,但结局却充满了偶像剧般的大团圆色彩。张一鸣对此总结说:"修电脑为我带来了人生的重大收获。"

从网吧恋爱到身家亿万,张一鸣只有过这一次恋爱,这似乎已用尽了他身上所有的爱情细胞。2005年,他从南开大学毕业后,带着女友来到北京当起北漂,从打工到创业,忙个不停。2011年,他在微博透露,自己甚至在毕业6年后结婚时,都没有办酒席,没有拍结婚照,没有去蜜月旅游。妻子对此的回应是:"等有了小孩,再一起办吧。"

日常生活中,张一鸣喜欢教妻子如何将通讯录等手机数据存在云端之类的技巧,为此他还自得地告诉妻子:"嫁给一个IT男,至少有能更好地获取和处理信息的优势。"休闲时,他和妻子用iPad下棋,听妻子讲安迪·格鲁夫的管理传记,这个小家庭始终过着知识分子与技术宅男独有的浪漫生活。

有人羡慕地询问张一鸣是如何找到这样贤惠的妻子的,他清晰而直接地回答:"世界上可能有两万个人适合你,然后你只要找到那两万分之一就好了。就是在你可接受的那个范围,近是最优解嘛。"

这种说法似乎难以打动普通人。但男人如何对待爱情,经常能体现他最真实的性格特质。无论是挑选对象,还是被拒后的反应,张一鸣都事先想得清楚明白。即便面对爱情这样无比感性的事物,张一鸣都在用算法、概率与逻辑去解读,用平静韧性去应对困难,用坚定不移去达成目标。这些,都昭示了他未来的人生剧情。

第一次创业试水

大三的张一鸣，就如勤劳工蜂一样为外接项目忙碌。毕业后，他更不愿意进入传统行业。在择业问题上，张一鸣娴熟地筛选着，将"安稳"从人生字典中无情删去。

张一鸣首先砍掉的就业方向是外企。他清楚，论技术水平，自己绝对能在外企IT岗位获得足够的重视，拿到高薪，成为团队甚至部门的主管。但这一切，都需要以他交出自由意志和兴趣爱好作为代价。外企中严谨的管理制度、分明的汇报层次，难以支持张一鸣去随性发挥技术特长。

2006年，学弟学妹们请教张一鸣，毕业后应该去什么样的公司。他建议说，宁可去百度，也不要去IBM和微软。那时，百度还只是初露头角的独角兽公司，但在张一鸣看来，却比世界500强外企更适合计算机人才。他说，选什么样的专业、公司、职业、发展路径，应该基于长远的判断，而不是被短期结果所左右；应该关注事物本质，关注行业的未来走向，看事情是不是长期有益，而不是为短期利益去浪费时间。

"离远一步，运用更重要的原则和更长的时间尺度来衡量"，这其实并不容易做到。张一鸣的很多同学出于短期考虑，例如，追求薪资高三五千，或者名气好听一点儿，纷纷去了外企。虽然每个人的选择都有其特殊性，但张一鸣的观点并没有错。10年之后，中国互联网经济产业已然站上了世界的舞台中央。事实证明，刚毕业的张一鸣，就拥有了宏观思考的习惯。

张一鸣随后否定了银行 IT 职位。彼时，银行业如火如荼，对技术人才极度渴求。房价则开始了 21 世纪的第一轮蹿升，北京户口变得炙手可热。每家向张一鸣伸来橄榄枝的银行都承诺，只要入职，就给他和妻子提供北京户口。这让许多人艳羡不已，但他依然拒绝了。

张一鸣见到了以前的朋友。聊起近况，朋友高兴地说，自己除了在银行上班，业余还做兼职增加收入。当然，两人都知道，这些兼职工作谈不上什么技术含量，由于时间紧、任务重，还经常会对本职工作有影响。张一鸣提醒朋友说，这些会影响职业发展，也会影响身心状态。朋友无奈地说，还不是为了快点儿凑到首付。

张一鸣觉得，朋友看起来是赚到了钱，但其实是亏了。

经过这次谈话，张一鸣确定自己并不看重短期利益。个人追求与家庭背景，双重的鼓励与支撑，使他不甘平庸生活，不急于解决北京户口，或者拿到分房补助去购买经济适用房。张一鸣无须也不屑于将目标定为北京市五环内的小两居、小三居，导致精力被浪费在琐碎小事上，更不愿荒废事业追求。

大多数人并没有张一鸣的底气，无数人孜孜以求、用尽力气过好平凡人生。但正如高晓松所说："我妈从小就教育我们，不要被一些所谓的财产困住。谁要觉得你眼前这点儿苟且就是你的人生，那你这一生就完了。生活不只有眼前的苟且，还有诗和远方。""你也经常有除了弯腰捡六便士以外，抬头看见月亮的时候。我说的诗和远方就是那个，而不是一个豪华的旅游……"

当同龄人埋头捡六便士之时，张一鸣也在捡，但他从未忘记去看月亮。而这，才是此时的他最值得尊敬与学习之处。

最终，张一鸣选定了互联网科技公司。

2003年后，中国互联网行业从寒冬中复苏。搜狐、新浪、网易三大门户网站利润持续增长，在纳斯达克股市上表现优异。阿里巴巴投资1亿元人民币，推出了个人交易网站"淘宝网"，并创建独立的第三方支付平台"支付宝"。依靠即时通信起家的腾讯、以搜索业务为本的百度，也先后正式挂牌上市。

一直密切关注互联网行业动态的张一鸣，认为时机已到，毫不犹豫地投身到创业浪潮中。他应师兄的邀请，组成3人团队，开发面向企业的协同办公系统。

协同办公系统（Identity and Access Management，简称IAM），即"身份识别与访问管理"系统。这种系统能够帮助企业规范运营管理方式，实现企业成本最小化和价值最大化的管理。IAM系统为企业提高全方位管理提供了良好平台，例如提高办事效率、增强协同办公、优化组织结构、完善管理制度、提高决策效能等。

在学生时代，张一鸣就对IAM系统的应用价值前景进行过分析与判断。他认为，随着互联网信息技术的普及，企业的内部应用系统及用户数量都在不断增加。大多数企业的应用系统都有各自独立的用户信息数据，用于系统内账号的管理、认证、授权以及审计。这种模式降低了用户的工作效率，存在安全隐患，信息安全问题会愈发突出。因此，IAM系统必然会大有用武之地。

该系统能识别企业内不同用户、不同设备的身份并进行认证，使岗位与岗位、部门与部门之间的沟通障碍被最大化地消除。其中最著名的商业化案例，就是微软活动目录服务。

张一鸣的初试锋芒并不顺利。有关IAM系统的理论无懈可击，但商业运作上却有严重失误。此时，中国依然处于计算机和互联网的普及高潮中，虽然电脑基本被应用到工作中，但其应用依旧浅显。以制造业为主的产业结构，此时并不需要严谨全面的协同办公，IAM系统在中国根本没有对应的市场需求。这让张一鸣的初次创业很快以失败告终。

资金和人力资源的欠缺也是项目失败的重要原因。虽然张一鸣家境不错，上学时也有很好的兼职收入，但手头资源并不足以支持运营如此领先的项目。3人团队始终窝在北京回龙观的居民楼里，这里与首都机场同一纬度，距离天安门28公里。张一鸣每天要从西直门坐上地铁13号线，穿过广袤的城乡接合部，观看窗外一个多小时的荒凉景色才能抵达公司，这让他还没工作就倍感心情低落。

可能是对这段经历过于印象深刻，当字节跳动初具规模后，张一鸣就推出了补贴政策，只要住在工作地点附近的员工，每月能拿到1500元租房补贴。他说："我一直认为年轻人工作生活应该住在城市中心，哪怕房子小一点儿（应该多出去活动啊），在市区有更多的活动和交流，下班之后也不需要浪费大好时光和宝贵精力挤地铁。年纪轻轻不要着急在郊区，尤其是房山、沙河、天通苑之类的远郊定居，买了房我其实也建议搬到市区来。"张一鸣尤其强调，这和是否加班没关系，员工省下的时间，用于健身、读书、看电影也很好。

市场不成熟、产品不完善、资源与经验不足，让张一鸣的初次创业以失败告终。但这次失败并非没有价值，初出茅庐的张一鸣了解到市场的残酷，更为理智客观地看待自己，也意识到资源与技术的优势必须充分结合，才能博取成功。

张一鸣并未气馁，新的机会迅速向他招手。

在酷讯的日子

2006年2月，经历了IAM项目失败之后，张一鸣被另一个师兄说动，加入了旅游搜索网站酷讯。

今天，可能大多数年轻人都未听说过酷讯公司。这并不奇怪。在中国互联网商业历史上，酷讯有着奇特的两面性。一方面，它是个"小"企业，前后只存在了10年，巅峰时期也只有170名员工的规模；但另一方面，这家公司里走出了30多位活跃的互联网创业者，其中大多数成员都是80后，包括唱吧创始人陈华、梅花天使创始人吴世春、小猪短租创始人陈驰、融360联合创始人刘曹峰、玩蟹科技联合创始人曾廷坤、趣炒股创始人黄浩、蘑菇旅行创始人张海军……这些创业者的公司加在一起，总价值接近千亿元。但正如酷讯最后一任CEO张海军所说："这样的加总并无意义，毕竟和张一鸣的今日头条相比，其他酷讯系创业公司看上去都未免显得小儿科。"

聚是一团火，散如满天星。酷讯故事，有着励志的起点。

2005年冬天，微软亚洲研究院技术员陈华打算回老家过年。春运期间一票难求，陈华为了随时获得火车票转让信息，自己动手开发了一个在线搜索系统。没想到，个人火车票的问题迎刃而解。

陈华看到了其中商机，他找到了商之讯公司CTO吴世春。吴世春比陈华大一岁，作为百度创始员工团队成员，吴世春也有着难忘的工程师经历。陈华当时是商之讯的兼职技术顾问,每周在吴世春手下工作一两天。

吴世春和陈华一拍即合。2006年元旦,商之讯无偿提供的服务器上,酷讯搜索上线了。当天,就吸引了数万人同时在线,很快导致搜索引擎不堪重负而瘫痪,其火爆程度超乎所有人的想象。

这时,中国正值"Web2.0"的创业风口,在新浪、搜狐、网易传统门户网站之外,豆瓣、土豆、优酷、去哪儿、58同城、赶集网等深耕内容的互联网公司迅速崛起,酷讯赶上了搜索引擎优化的浪潮,而张一鸣则赶上了酷讯的崛起。

张一鸣加入酷讯异常果断。当他窝在回龙观居民楼开发IAM系统时,依然和好友梁汝波保持每周见一次的频率。梁汝波回忆说:"大概过了半年,他跑来告诉我,这个项目不靠谱,有另外一个网站不错。"当时,张一鸣向老同学演示了一遍,如何通过酷讯网的垂直搜索引擎迅速找到附近房源,并对此赞叹不已。等梁汝波再见到他时,张一鸣已顺利入职了。

吴世春回忆过他和张一鸣的初次见面。面试时,张一鸣说话有些结巴,但写出的代码漂亮,思维也很清晰。他虽然初出茅庐,却毫不客气地指出了酷讯在技术上的可改进之处。这让吴世春对他印象深刻。

张一鸣拥有足够的实力和运气。那时,酷讯的搜索服务需求增长很快,为了应付不断增长的用户量,需要写大量的新代码。陈华此时已是酷讯CEO,再去写代码不现实,而他看中的正是张一鸣的创业历史和主动态度,公司很快向他发出了入职邀请。

在酷讯,张一鸣开始成为真正的软件工程师。刚加入公司时,他像当时绝大多数刚工作的"码农"那样,认为垂直搜索将全面改变网络和世界,酷讯则是其中的领先者。工号003的他,入职第一天就拿到了公司内网所有账号。他虽然对某些业务还不熟悉,但必须立刻开始着手改代码。

张一鸣没日没夜地工作，有时甚至通宵达旦。他直接负责的是火车票搜索和房产搜索项目，下班后，他经常一个人留在公司改bug（代码错误）。同事们第二天上班时，会发现问题已荡然无存。经过他改善的代码，经常能立刻优化近10万名用户的体验，为他们带去方便与愉悦。这种成就感让张一鸣上瘾，并使他始终保持对互联网产品的热情。

偶尔，张一鸣也会正常下班。他没有什么其他兴趣，总是选择看书学习，直到夜里一两点。在酷讯的第一年，他看过公司绝大多数同事提交的代码，解决了大部分人无法搞定的问题，并因此脱颖而出。工作第二年，他成了酷讯的技术主管，直属员工有四五十人。团队负责所有后端技术，也参与很多与产品直接相关的运营工作。到2008年初，他成了酷讯技术委员会主席。

酷讯本身也在茁壮成长。那几年，带有酷讯字样的广告在北京的地铁站和公交站台上随处可见，鼓舞年轻人搜索新的可能。2006年3月，酷讯获得了联创策源100万美元的投资。几个月后，又获得了1000万美元的第二轮融资，投资方包括联创策源与海纳亚洲创投基金（SIG）。资本注血之下，酷讯野蛮生长。张一鸣入职当年年底，酷讯每天有400万次查询、上千万的浏览量，全球排名1000名左右。

酷讯的工作氛围非常适合张一鸣的成长。这家公司的创始人几乎都是工程师出身，同事们都希望用技术去改变互联网与社会，没有什么层级区分，也不关心内部斗争。正如吴世春后来所概括的那样，起初的酷讯强调平等、包容、自由，凸显工程师文化，尊重能力出众的人。显而易见，这样的企业文化，后来被张一鸣继承，并被用于创造"字节范儿"。

无论是同事还是投资方，都很欣赏张一鸣。海纳亚洲创投基金代表王琼，在一次会议上首次见到了技术总监张一鸣。她注意到这个年轻人的牛仔裤上还有些许污渍，套着随意的 T 恤衫，看起来是个标准的"小理工男"。别人发言时，他安静聆听，他说话时，还带着些腼腆，但谈起业务时数据信手拈来，又令人信服。王琼认定，张一鸣很懂技术业务，是"那种你会认定的聪明小伙子，一点就透"。

张一鸣并非只钻研技术，他同样对整个互联网行业变得敏感。后来的好车无忧 CEO 彭程，是张一鸣在酷讯时的同事。他回忆在研发部门时的情形：那时，大部分人专注于怎样写出更漂亮的代码，张一鸣却已经在产品和商业模式的认知上走得很远。张一鸣经常会在研发过程中随口说出案例，例如某某公司采用了什么商业模式，为什么会这样做，为什么不那样做，酷讯应该从中学习什么，等等。他的分析头头是道，让许多同事感觉到其思维远未局限于面前的方寸屏幕。

但张一鸣和酷讯的故事，并没有因此迎来完美结局。

2007 年 1 月，阿里巴巴意图以估值 1 亿美元的价格收购酷讯。酷讯投资方联创策源表示反对，主张酷讯自主上市。事实证明，这是一招错棋。当时，阿里巴巴公司的估值只有几十亿美元，而今天，这个数字暴涨到了 2400 亿。

错过阿里抛出的机会后，酷讯最终也未能按计划上市。2007 年 6 月，谷歌中国推出生活搜索。酷讯反应强烈，连续三周密集宣传，从各个角度批判谷歌的"抄袭行径"。

当巨头的旗舰轰鸣着驶入酷讯的海域，竞争压力变得日益沉重。为了对抗谷歌，酷讯大规模扩张，一口气打造出 11 条搜索业务线，其中包括房产、火车票、机票、酒店、度假、招聘、购物、图片、交友、汽车和社区。酷讯高管团队对如此多的搜索业务线信心满满，张一鸣也因此变得更为忙碌。

此时，全球金融危机的阴影隐隐可见，大规模业务的扩张带来诸多问题，让酷讯发生了变化。公司内部围绕"垂直搜索还是通用搜索"的问题僵持不下，正如张一鸣后来所说，酷讯产生了"管理上的混乱和方向上的不明"。

张一鸣私下认为，虽然酷讯在生活搜索方面领先，但贸然打造通用平台并不现实。酷讯团队的经验与眼光无法满足整个通用市场的需求，而招聘能力与资源不够，也导致应聘人员的数量和质量每况愈下。

张一鸣没有错。不久之后，酷讯内部开始出现夸大数据甚至虚假汇报的情况，人员进出频繁，经常谁也说不清为什么要招聘某个员工，或者解雇某个员工。

有过创业失败的经验，张一鸣率先意识到了危机，他决定离开酷讯，去看看外企如何管理一个大公司——虽然外企曾是其择业算法中，最先被排除的选项。

2008年初，张一鸣离开酷讯。不久之后，吴世春和陈华也相继离开，酷讯最终被美团收购，就此退出舞台。

在崭新的人生维度上，张一鸣跳槽到微软。甫一就职，他就感到各种不适应。他发现，微软这样有着数十年历史的超大企业，其完美的管理作风，全部建立在严密的科层制度上。如果说酷讯像是工程师俱乐部，那么微软就像是工程师工厂。

正如李开复所描述的那样："微软的'决策制定框架'下，每一项重要决策都有一定的制定流程和人员角色划分。每一个决策流程的推动人很自然地就是决策的责任人。对该决策有支持和认可权力的人是决策的审批者。对该决策进行核查、提出支持或反对意见的人是决策的复核者。在整个决策流程中，虽然复核者可提出反对意见，但审批者仍拥有决策的最终决定权。"

将决策划分为流程和角色来推动，是当时大企业的必然选择。张一鸣在微软扮演的，也只是宏大决策分解为无数流程后，并不起眼的基层执行角色。面对这种环境，他念兹在兹的"输出即可见"无从实现。无论他选择哪种工作方法，都不会迅速产生结果。因此，在他看来，虽然微软企业和团队的管理成熟，建立了良好的支持系统，但某些员工也会付出代价，那就是被控制之后的低效率。对于那些习惯按部就班工作的员工来说，这可能很好，但并不适合探索自我边界的开拓者。

后来，张一鸣如此回忆他对微软的印象："我觉得，微软最初建立的团队以及管理系统很好，在很多工程的管理、培训背后，有一套良好的系统作为支持，比如培训的系统、代码权限控制的系统、权限部署的工具系统。由于微软自主开发工作的系统工具，所以它有一套自己的方案，包括审核标准、开发流程，但代价就是其效率极低。它对工程的控制，超过了对创意的实现，做的时候你需要很小心。对他们来说，最重要的是你遵循流程中的每条细则，条条框框比较多。我认为不适合特别有想法、特别有冲劲的人。"

有想法有冲劲的张一鸣，迅速选择从微软离职，此时是2008年9月。他的下个中转站是饭否。

第二章
在时代积累中爆发

  2008年是影响中国的重要年份,许多中国人的命运在这一年被改变,张一鸣也位列其中。他从微软走到王兴的团队中,直面社交网站的开发。在随后短短的经历中,他看到了未来最有希望的互联网创业方向,并着手迎接移动时代的爆发。

饭否前后事

不断跳槽，是张一鸣早期工作轨迹的最大特点，他从不掩饰这种活跃性，反而十分坦然地解释说："你看，我始终没有切换过行业，也没有切换过工作状态，无非是在这个项目或者那个项目上。"

企业与企业之间的不同，是张一鸣个人发展的考虑因素而非壁垒。他从不认为进入某家企业，就失去了事业与人生的自我控制权，反而认为这是给事业与人生以更多的选择机会。未来，这种态度将影响到他对字节跳动的掌控方针，即"不设限"和"向前走"。

2008年9月，王兴再次联系到了张一鸣。

王兴和张一鸣是老乡，但王兴是真正的"富二代"。他的父亲早在1992年就开办了水泥厂，2003年在永定县打造出年产200万吨水泥的现代化企业，总投资有6亿元之多。这个成功的企业家热爱文化，鼓励儿女博览群书，家里从不打麻将。

出则豪车、入则别墅的优渥家庭，为王兴提供了良好的学习环境，他也努力成长为抱负远大的"学霸"。继姐姐之后，他同样考上了清华大学，并拿到了全额奖学金去美国特拉华大学深造。

相比张一鸣，王兴对事业的创新态度更激进。张一鸣曾这样评价王兴："阅读面广，对各种奇怪的问题感兴趣，社交稍微少一点儿。好奇心、求知欲非常旺盛。"

早在张一鸣之前，王兴就拥有了很高的起点。他回国之后，直接用复制粘贴的思路，将美国"脸书"（Facebook）的社交网络模式运用到中国，创建了霸占了大学校园流量的校内网。遗憾的是，由于资金流中断，无法增加服务器和宽带，王兴不得不将校内网出售，校内网后来被改名为人人网。

卖出人人网的当晚，王兴和他的团队在小酒馆里洒泪樽前。2007年5月，他东山再起，开创了饭否网。有了相当的资金支持，王兴决定放手一搏，打算用饭否再将"推特"（Twitter）模式搬到中国。

几个月后，饭否网发展缓慢，王兴将之搁置一旁，埋头于海内网这个新项目。到2008年春天，王兴通过老乡关系认识了张一鸣，希望拉他一块儿做饭否网和海内网。张一鸣觉得项目本身很有意思，但由于经历了酷讯后期管理上的混乱，他还是决定去微软看看大公司的管理。

饭否网有了起色，王兴又来了兴趣，开始再次招兵买马。由此能看出张一鸣与王兴的共同点，前者自毕业后没有改换过信息推荐的领域，后者则从创业后再也没有离开社交网络的赛道。

王兴再次找到张一鸣时，开心网凭借"偷菜"火遍中国社交网络，张一鸣看到了希望，很快加入了王兴的创业团队。这一次，他不是以员工身份，而是以技术合伙人的身份，开始掌管海内网和饭否网的技术工作。

张一鸣认为，没有抓住用户短期需求，缺少像"偷菜"那样的病毒式营销，是饭否网和海内网没有做起来的最主要原因。入职之后，他立刻将Alexa排名前1000的网站看了个遍，详细统计其类型并列表。他发现，自己最看中的阅读应用，在表中非常少见，除了美国社交新闻网站Reddit和Digg排在200名左右，其他同类网站的表现都不理想。

数据就是铁证。张一鸣感受到强烈的冲击。这种怦然心动的感觉，只有当他放下报纸，初次接触互联网媒体时才出现过。他认定，现有社交网站的信息流无法真正满足用户的阅读需要，因为信息流会经常被"各种噪音"冲刷掉。换言之，如果新闻、故事经常同私人照片、娱乐游戏混杂在一起，带来的体验必然不佳。

几乎出自理科生与程序员的本能，张一鸣希望能在饭否网做出改变，让阅读、沟通和分享各行其道，泾渭分明。这段时间，他和老同事彭程联系颇多，彭程感觉到了张一鸣的变化，发现他的想法比以前走得更深更远。

事实上，张一鸣此时看到了信息分发和推荐模式的更多可能。他意识到，技术对于互联网信息分发推荐体系并非是最重要的，更基础的，是先赋予信息分发以正确的模型构架，改变互联网信息的既有流通方式。

在饭否网，张一鸣负责搜索、消息分发、热词挖掘、防作弊、用户排名等后台系统工作，为社交分析储备了大量技术基础。由于饭否网是社交平台，需要和用户有更多互动，张一鸣经常带领团队去做用户沟通和访谈，他因此更懂得如何理解用户，并感受到信息在人与人之间流动的价值。

随着工作的深入，张一鸣开始利用职位权限，进行有效实验，尝试以新的结构来分发信息。如果将这一工作同他之前的酷讯经历结合起来，实际上就形成了"组织信息＋社交行为分析"业务，与未来的今日头条产品体系有着相当密切的内在联系。

假以时日，张一鸣很可能在饭否网与海内网做出大名堂，他会为这两个社交网站开发出类似今日头条的应用服务，与王兴的事业共同起飞。到2009年上半年，饭否网拥有了上百万用户，但7月时，形势突变，网站由于内容管理不规范而被迫关闭，后来虽然重新运行，但已停止新用户注册，直到今天依旧如此。

饭否网被关闭的505天内，发生了足以影响整个中国移动互联网的三件大事。

第一件，王兴的再次转向。在深入分析失败经验之后，王兴意识到必须改变自己，后来创办了市值高达 6300 亿人民币的美团。

第二件，饭否网关闭前的一个月，新浪微博成立，开启了微博时代。

第三件，张一鸣选择离开了饭否网。

张一鸣的离开是偶然，也是必然。毕业后，他先后参与了 3 家企业的创建，但都由于不同原因先后失败。对他而言，再没有多少试错成本可以挥霍，失败所积累的经验迫切需要找到喷薄而出的机会。

饭否网被暂停运营时，海纳亚洲创投基金的董事兼总经理王琼找到了张一鸣。

王琼始终关注着张一鸣的发展。此时，酷讯已开始走下坡路，所有业务指标都一塌糊涂，但只有房产搜索还在顽强盈利。王琼清楚，房产搜索是张一鸣做出的产品。她既看好房产搜索这个模式，又看好张一鸣的性格与能力，于是她劝说张一鸣来做独立的房产搜索业务，并愿意为此投资。

张一鸣毫不犹豫地同意了，新成立的公司名为北京万瑞松林科技有限公司，海纳亚洲创投基金注资 200 万美元，由张一鸣担任 CEO，公司的主要产品是找房网站"九九房"。

出任 CEO，让张一鸣名正言顺地从技术幕后走向管理台前，开始积累创业的宝贵经验。

九九房初试鸣声

2009年，北京互联网租房市场已被几大租房网站瓜分，九九房作为后来者，并未马上受到用户青睐。

2010年5月，在第五届中国互联网站长年会上，中国"站长之王"蔡文胜站在演讲台前，谈论着微博爆发带来的新机会。台下，是各路创业豪杰，张一鸣也在其中。他以九九房搜索创始人的身份参加了这届大会。

检索那时留下来的新闻报道，张一鸣的痕迹并不明显。网易科技对张一鸣的访谈内容只有短短百余字，在百名站长访谈录的系列报道里，显得毫不起眼。该报道至今仍然能通过网易科技频道浏览，其序言写道："2010年站长大会，网易科技将镜头对准了那些平日里默默无闻的草根站长，对准了中国互联网最庞大的长尾力量。他们在过去这一年里历经挫折，但对明天仍抱持着无比的热忱与执着。"

访谈中，张一鸣强调公司网站经过了半年的发展，已在上百个城市有了百万级的用户数量，他希望中国互联网有更多的垂直应用，以及更多技术创新的互联网应用。

张一鸣当然不愿"默默无闻"，面对激烈的市场竞争，他另辟蹊径，将注意力从PC互联网转移到移动互联网。这成为他创建字节跳动的有力前奏。该战略方向精神最初体现在"找房第一站"的宣传语上，张一鸣希望，用户不管是用电脑还是手机找房，都会迅速联想到九九房的品牌。

此时，九九房只有十来名成员，这些成员根据产品类别，分为不同小组开展工作。每个小组都有安卓和 iOS 两种系统的工程师，其内部运行没有条框严明的制度，推崇简单轻松的工作氛围。此后，公司虽然不断壮大，但对新成员入职条件也没有严格必需的限定，张一鸣提出的唯一硬性要求，就是喜欢学习。相较于工作年限、毕业院校这些因素，他更看重个人技术基础和发展潜力。

这种企业文化特点显著，被打上了鲜明的个人印迹，此后又被张一鸣有效传承到字节跳动。

2011 年上半年，九九房推出了看房日记、房产资讯两款房产领域的移动资讯内容产品，其后又发布了掌上租房、掌上买房、掌上新房三款手机应用，月活跃用户数破 10 万。其中，看房日记成为当年全球移动互联网大会"最佳应用"，掌上租房则被谷歌开发者大会推荐为唯一指定房产类 App 范例。这些表现离不开对 58 同城、赶集网数据的抓取与筛选。外界舆论对于九九房产生了轻微的质疑。张一鸣并没有受到这些声音的干扰，他在回答记者提问时谈到，九九房必然会专注于技术和产品研发，即便未来进一步商业化，也"肯定不会以伤害用户体验为代价"。

由于业绩迅速增长，2011 年，九九房再次获得了海纳亚洲创投基金注资的 500 万美元。在张一鸣面前，房产搜索行业移动化的蓝图徐徐展开。

九九房随后推出的一款产品，折射出其商业思维方式发生的转变——不仅要让客户找到在意的信息，更要直接推荐他们喜欢的信息。

2012 年初，张一鸣"扮演"网站客服，接待了一位年轻女白领。她已通过数据搜索，了解到需要的房屋信息。但她并没有马上下单，而是问道:"现在租住的两个女孩是干什么的?哪里人?年龄多大了?住了多久了?她们抽烟不?养宠物不?"

张一鸣根据后台登记的资料,迅速地打字回复:"两个女孩,应该是在附近酒吧上班的,白天在家休息为多,晚上去上班,一个是东北人,一个是西北人,大概都在二十二三岁,租住这套三房一厅已经半年多了。至于抽不抽烟、养不养宠物,这些我这里没有登记……"

屏幕上的聊天窗口闪烁出一排字:"那算了,我不租了。"冰冷的语气,透露出网络那端的失望感。

张一鸣奇怪地问道:"你刚刚说挺满意这房子,怎么就不租了呢?"

女孩回复说:"室友每天凌晨回来,肯定会吵醒我。我们之间白天黑夜都是错开的,这样的室友几乎就是路人,我觉得很恐怖。而且,我对烟气和宠物都过敏,可这些上夜班的女孩都是抽烟一族……所以,我想,算了吧!"

女孩下线了。张一鸣却陷入了沉思。

一直以来,九九房团队都采用理工思维在观察找房市场。但是,这次与用户直接交流让张一鸣意识到,找房者同样在找新的生活方式,其中关键因素是室友。年轻人都认为,与合租的人谈不来,再好的房子也没用。但如果是志同道合的朋友,下班能聊天做饭,周末的时候能聚会玩耍,这样的房子才能住得长远。九九房与其只为用户提供单一的住房信息,为什么不推出他们需要的室友?

经过前期调研分析,到 2013 年 1 月,张一鸣推出了找室友网站,网址为 http://shiyou.99fang.com,并同步推出了手机 App 终端软件。找室友网喊出响亮的口号:"为你寻找'中国好室友'!"借助综艺节目"中国好声音"的火热势头,"中国好室友"这个概念在租房找房用户群中迅速传播开来。2013 年 2 月,仅一个月的时间,"找室友"的下载量就达到 10 万人次。

看起来，九九房在这个细分市场即将取得成功，但团队的兴奋劲儿还没过去，用户投诉就纷至沓来。有人投诉说，出租的室友自我介绍是"技术宅"，性格忠厚可靠，可结果却发现是个跑保险业务的，想通过见面来找客户；有人投诉说，大白天和求共租的室友见面，结果碰到的却是意图不轨的"渣男"……

张一鸣意识到，室友信息的推送不应毫无限制。为了对广大用户负责，2013年3月，他决定推出注册认证标准。公司同事听说以后，纷纷表示反对。但张一鸣坚决要求执行。

那时的互联网用户，显然对限制很不适应。许多人因为厌烦身份证信息验证而选择卸载App，几十万的用户数量迅速跌到了只剩几万。看着令人心头发凉的数据，张一鸣不为所动，他表示，宁愿让人变少，也不想有用户受到伤害。为了提高验证身份的效率，他又要求开通腾讯微博、新浪微博、QQ账号、人人账号的补充登录，让用户能通过微博、QQ、人人网等诸多渠道去验证备选室友。

张一鸣对合规性的重视，不久就得到了市场的回报。2013年5月，用户数量重新增加到数十万。6月，数量激增到上百万。正如他所预料的那样，真正抱有善意寻找室友和房子的用户，并不会隐瞒个人真实信息。这样的用户，也希望在平台上看见他人的真实资料。

出于对用户心态的理解，"找室友"真正实现了全平台信用升级迭代。高峰期时，"找室友"月独立访问用户超过600万，日均访问30万人次。移动产品用户量超过100万，日启动10万人次。

在九九房数年时间内，张一鸣不仅获得了丰富的企业管理经验，也开拓了更广泛的商业视野，他开始明确如何平衡商业模式与技术规则之间的矛盾，并以此带给用户更多收益。更重要的是，他对移动产品的感觉极佳，不仅用户体验反馈很好，而且市场定位精准。这让他真正意识到移动时代的机遇："我当时强烈感觉到，有机会做一个全网全内容的推荐了。"

对移动时代的欣喜，对全内容信息分发的渴盼，让张一鸣的雄心在燃烧。尽管在九九房时期，他继续展示着技术方面的才华，包括让系统自动识别是否为同一套房源、实景图与效果图、5000万个经纪人的电话号码等。但张一鸣知道，这些都无法成为终身事业。在他看来，房产搜索App更多地依然属于"流量生意"，只能局限于细分市场中，靠不断加大用户流量来发展。而他，想和这个时代发生更多故事。

知春路字节跳动

全世界知名公司中，有两段获得早期风险投资的故事如出一辙。两位主角不约而同地在餐巾纸上写下了创业计划书，赢得桌子对面投资人的信任。其中一位是创立美国最大电商亚马逊的贝佐斯，而另一位就是张一鸣。

2012年1月29日，大年初七的上午，北京寒风料峭，空气里保留着淡淡的节日余味。知春路街道两旁，少数门店零零散散地开始营业，但并没有多少顾客光临，店员们行动缓慢，似乎还没有从连日的宿醉和通宵的牌局中清醒过来。

张一鸣将自己包裹在厚重的深绿色军大衣里，沿着马路边的人行道，快步走进了一家不知名的咖啡馆。这家咖啡馆此时并未正式营业，甚至暖气还没有接通，只是因为僻静的关系，张一鸣才将这里定为与王琼的会面地点。

新年假期刚结束，张一鸣就邀请王琼会面，这并非草率之举。从2011年下半年开始，他围绕九九房的业务发展情况，有了新的思考成果。张一鸣认定，移动互联网的聚合框架能更好地满足移动内容的消费需求。但九九房的本身定位已然限制了自身的下一步行动。

无论买房或租房，都属于长决策周期消费行为。用户为此需要关心各种政策与市场层面的消息。基于此，九九房才推出了房产资讯平台,将各门户网站的房产信息加以聚合,再推送到用户手机上。张一鸣意识到,这套信息聚合框架值得泛化,而不是只锁定在房产领域,否则格局太小、价值不够。

2011年9月,张一鸣就曾同王琼数次深入探讨九九房的未来,张一鸣向王琼表达了自己的苦恼。王琼后来对《创业家》杂志记者说:"当时,他还不到30岁。他觉得,移动互联网是他看到的非常好的机会,总觉得一辈子如果不去赶上这样的一次机会,有一些可惜。"

王琼很理解张一鸣的想法,她如良师益友般帮助这位年轻人分析利弊。王琼说:"我也相信移动互联网会起来,肯定有很多能做的东西,但是不要因为别人拿到了投资,就想赶这个潮流。你好好想一想,你要做的是什么?现在拿钱不难,你只要想好,想做什么,我都给你投资。"

张一鸣忙到2012年的春节,才有了"闭关"静心的机会,也才催生了新年伊始的这次会面。

两个人坐在桌前,话题伴随逐渐氤氲弥漫的咖啡香气不断延伸。张一鸣再次向王琼表示,九九房虽然有了相当业绩,但只做一个垂直领域的搜索引擎,范围终究还是狭窄了,他想要做更大的平台。

王琼很有兴趣地聆听着。在酷讯,他们第一次会面时,张一鸣还羞涩地坐在一众商业精英中,看起来像个单纯的学生,几年磨砺后,无论外形、思维还是表达上,他都显得老练起来。王琼想,如今,究竟是什么让他愿意放下取得的一切成绩,走上新的创业路程?

她非常希望知道更实际的东西,无论是出于对张一鸣的欣赏,还是出自投资人的职业本能。

张一鸣告诉王琼,一直以来,他想要打造与以往不同的信息平台。这个平台本身并不生产信息内容,而是充分利用搜索引擎与算法技术,将不同用户喜欢和需要的信息,以个性化的方式推送到他们各自的智能移动端上。这个平台甚至不能算是自媒体，而是信息的搬运工。

为了更好地将平台运行原理解释给王琼听，张一鸣顺手拿起桌边的餐巾纸和铅笔，勾勒起未来创业项目的架构。他曾无数次地在脑海中盘点演算这个构架，又无数次如父母面对新生孩子那样，从各个角度去观察它、熟悉它、了解它。等完成架构之后，他又如外科医生第一次走上手术台，将其结构内的每个关键点设想得无比透彻。因此，他此时信心十足，对平台的成功深信不疑。

他说，这是一种为了解决手机阅读和获取信息问题的工具。它最大的特点，就是高效。

什么是高效？就是让用户从手机获取信息时，打开这个 App，就能看见想要的内容。

怎样做到？很简单，让工具成为分散内容和大量用户之间的媒介。这种媒介不生产内容，只依靠技术来主动为用户提供渠道，帮助用户了解想要的内容。

而且，这个工具是覆盖全网、全内容的。相对而言，用户更省力了。

王琼很快听懂了张一鸣的想法。

张一鸣高兴地放下铅笔，总结说："在移动端，九九房今天已经成为房产类应用的第一名。但是，我看到的是移动互联网发展的趋势，我相信，做一个全网全内容大平台的时机已经到了。而平台的模样，现在就在这张纸上。"

王琼当然知道，17 年前，一个叫作贝佐斯的人，也在餐巾纸上画下自己的思路。这一最简单的创业计划书，说服投资人给出了 20 万美元的天使投资，亚马逊由此诞生。后来，亚马逊成为全球市值最高的公司，高峰时超过万亿美元。

想到这里，王琼不再犹豫，她当即决定，代表海纳亚洲创投基金向张一鸣给出 8 万美元天使投资，连同她邀请的另两家天使投资，张一鸣总共将拿到人民币 200 万元的投资。她确信，张一鸣多年的经验积累，包括搜索技术、基础算法、社交网络和信息分发，将会全部用于打造这个令人期待的工具。当然，王琼也补充说道："如果不是一鸣你跟我说，我会打个大大的问号。"

接下来的两个月中，张一鸣白天忙九九房，晚上筹备新公司。当王琼为九九房找到新的 CEO 后，他交接了手头的管理工作。2012 年 3 月，他带着团队，租下了知春路锦秋家园里的一套民居，在这个走出豌豆荚、36 氪等创业公司的小区，张一鸣和小伙子们捧回了新注册的公司营业执照。营业执照上赫然写着"北京字节跳动科技有限公司"，这标志着新创业路程的开始。

字节跳动，是张一鸣精心设计的公司名称。当他大火之后，著名问答网站知乎上，出现了这样的问题："为什么字节跳动起这么个别扭的名字？纯粹说命名，感觉像是先起的英文名然后硬翻译成中文的感觉。"

提问者的感觉没有错。2019 年，这家公司成立的 7 周年年会上，张一鸣承认："我们在取字节跳动这个名字的时候，也想好了 ByteDance 这个英文名。"尽管那个时候，同事中没有几个人出过国，但张一鸣相信，移动互联网带来的机会，在全世界遍地都是。

十几年前，马云在其创业时刻，刻意锁定了"阿里巴巴"这个名称，保证企业未来的国际化。张一鸣赋予公司名称的过程，显得更自然、浪漫。当然，其中的浪漫，恐怕只有程序员才能心领神会。

在计算机编码中，字节（Byte）是基础单位，它由比特（Bit）构成，并能向上构成字（Word），再由字构建成更大单位，直到组成支撑计算机程序运行的代码。

在外行人看来，字节无疑是费解枯燥的。真正的程序员，才会因为面对屏幕上的代码字节而兴奋，才会在它们闪烁跳动时，汲取到翻然起舞般的美感，享受油然而生的满足。无论在哪个企业，张一鸣始终强调技术的价值，推崇程序员精神，因此，他为新公司选取这样的名字，也就毫不奇怪。

公司地址的选择则完全出于张一鸣的创业习惯。在第一次创业失败之后，他回忆起当时来往上地、回龙观的地铁之旅。

比如，就像他大学报到那天面对天津站时感到的失望与无趣一样。

此后，他始终关注住所与工作地点。2011年8月31日，他在微博上写道："在北京6年住了6个地方：回龙观、双榆树、知春里、和平里、惠新西街、西土城。你住过哪儿？"虽然没有给出答案，但看得出来，他最喜欢的应该是接近城市中心、创业氛围良好的知春路。

1990年，为了举办第11届亚运会，北京市政府建设了一条看起来不起眼的次干道。它横在北三环与北四环之间，被命名为知春路。早在20世纪80年代，这条街道就孕育了中国第一批创业者，比如四通、京通、科海、京海、联想等企业。那时，中关村还被民间说成"骗子一条街"，望京还没有多少韩国人，国贸的高楼才盖到二期，西二旗更是一片荒芜。更不会有人想到，知春路将在未来进化为承载中国互联网历史的舞台。

随后的10年内，知春路发生了诸多让后人神往的故事。数不清的创业者穿梭在这条只有11公里的街道上，他们从合租房走到咖啡馆，从地铁站流进写字楼，兴奋地期待着下一个风口、下一个投资人。新浪从此走向世界；杀毒软件时代的典型企业金山毒霸在此诞生；当当网的李国庆从这里开始卖书；联众从这里开始推广线上棋牌；马化腾曾在此为是否卖掉OICQ而犹豫不决；雷军则在路旁的豹王咖啡馆排开十几部手机，没日没夜地约见开发者……

创业浪潮的巅峰时期，知春路从东到西的每一栋写字楼都爆满。天使投资人和创业投资机构甚至做起了"扫街"生意，在楼宇间穿梭不停，害怕错过每个可能成功的项目。

知春路见证了无数悲喜交集的创业故事，注定被写入历史之中。它凝聚过也吞噬过无数微小的力量与野心，它们或者腾风而起，冲向广阔天空，或者一蹶不振，唯留下被秋风掩盖的梦想。

知春路的无数过客中，诞生了少数攀上金字塔塔尖的成功者，张一鸣是其中最新的一位。与许多生意做大就选择离开知春路的企业不同，他始终坚守这里，从2012年锦秋家园的斗室，到日后楼顶能起降直升机的中航大厦，张一鸣始终将知春路作为根据地。或许，这个土生土长的客家人内心，对事业策源地有着近乎执着的固守情结。

在有资本搬出锦秋家园之前，张一鸣和他的团队，将运用算法来解决公司的生存问题。

移动互联网时代的算法

2017年，罗辑思维跨年演讲里，罗振宇首次提出了"人生算法"的概念，他说："人生算法就是面对世界不断重复的最基本套路，你需要做到的，就是找到它，重复它，强化它。"

如果说，当下万千创业者中，有谁最先利用人生算法的优势而扭转世界、成就事业，当属张一鸣无疑。

张一鸣从未接触过新闻媒体工作。他创办今日头条后，许多媒体人发出疑问："他是哪个报社或杂志社出来的？他是不是媒体人？"得知否定答案后，他们更为感慨，为什么从没做过媒体的人，能将新闻客户端做到如此之大。

答案并不复杂，只有两个字：算法。

张一鸣并非媒体科班出身，但他却是重度媒体用户。从上初中开始，张一鸣每周都要阅览十几份期刊报纸，直到大学毕业走上工作岗位。十几年内大量信息的冲击中，他产生了改变的欲望。报纸上栏目众多，迎合不同读者的兴趣需求，这是数百年来颠扑不破的行业真理。然而，读者真的需要这样吗？每个人关注的方向领域不同，为什么不管自己喜欢不喜欢，都必须接受编辑和记者的安排意志？为什么没有可以"订制"的报纸？

接触到信息技术之后，张一鸣明白，差别，在于算法的不同。

算法，曾经是只有少数专业人士才熟悉的词语。在传统的学科解释中，算法是指解题方案的准确而完整的描述，是一系列解决问题的清晰指令。

其实，在没有电脑之前，就有了算法，乘法口诀表是一套算法，而大厨烹饪时脑海中浮现的"先炒、再炖、最后小火收汁"，也是算法。同样，编辑报纸、安排栏目的工作步骤，就是传统媒体发布信息的算法。

张一鸣在他的文章《机器替代编辑？》中这样写道："在互联网诞生前，信息的储存、传递和交流，都以纸张为物质载体，也由此在现代文明中诞生了生产与传递信息的组织——报社、杂志社、广播电台、电视台等。这时的媒体组织有一个非常重要的特质，那就是对信息的物质载体与传播渠道有直接的掌控权。"

随后，他又写下："在互联网产生之后，情形发生了聚变……在互联网这个新载体上建立起了新型的信息聚集与分发的机构。"

张一鸣站在移动互联网时代，转头回看互联网对传统新闻媒体的颠覆历史。他发现，传统媒体将信息接收者称为"受众"，很自然地将受众看成被动的信息接收者，而互联网时代，新媒体更习惯于将他们称为"用户"，是站在他们的角度思考问题。这种差别，决定了两种传播算法的不同。

最先站在用户角度思考运营的信息工具，是互联网搜索引擎。谷歌和百度因此成为重要的媒体平台。

简单地说，搜索引擎通过技术来汇聚海量网页内容。它就像无所不知的"老师"，用户遇到什么不明白的事，可以主动输入关键词，向"老师"提问。比如，"海淀区哪家烤肉店好吃""美国第五位总统是谁""《西游记》真的是阴谋论小说吗"等，都能得到想要的答案。

当用户不知道自己应该问什么时，他们也能通过"网页导航"的形式，寻找自己想要的内容。

但是，无论是搜索还是导航，都无法解决移动互联网时代用户个性化需求的问题。当用户拿着手机时，他们不愿意再输入一个个汉字，去向"老师"提问，而是反过来希望自己能被网络读懂。

谷歌最早在用户个性化需求上进行尝试。2005年，他们发布了iGoogle，可以引导用户根据个人喜好和需求，定制和集成不同来源的信息，成为个性化门户，但最终并未获得成功。时至今日，张一鸣相信，在移动互联网时代，应该产生更好的解决方法，那就是新的算法模型。

张一鸣将新算法模型的突破口放到了新闻媒体平台上。

新闻媒体，最需要与时俱进。遇到门户网站后，张一鸣就很少购买报纸杂志。而当智能手机与社交应用普及后，用户去门户网站检索新闻的次数也逐渐减少。对普通人而言，这些变化是在不知不觉中发生的，但张一鸣始终对信息分发和推荐领域保持着敏感，他最懂变化的价值。

起初，张一鸣想的是如何更好地满足用户对全部信息的个性化需求。随着研究深入，他发现个性化需求差异在新闻信息领域表现明显。不同的人对新闻的需求不同，即便同一个人在不同时间，对新闻信息的需求也不同。比如世界杯比赛日的第二天，连女生都希望看见手机里有比赛结果的新闻，而在平时，她们可能更在乎小区旁是不是新开了家美妆店。这就需要利用算法，随时随地了解不同用户的新闻需求，让机器探索出个体需求变化的特征规律，并加以总结和储存，打造出因人而异的动态推动系统。

相对于传统互联网，移动互联网平台上的新闻推荐算法应更为灵活自由。这样，算法不仅可以取代编辑和记者的角色，还能与万千用户充分互动，形成类似生物演化的进程。当移动终端用户利用算法支撑的平台，不断去点击、阅读、评论、收藏各种新闻信息的同时，算法也在平台之后默默关注每个人的行为，接受他们的"训练"。这样的碎片化进程在每个用户、每台手机上不断持续、重复和强化,最终让每个用户都拥有属于自己的"服务员",得以从茫茫的信息海洋中,轻轻向下滑动手机屏幕,就能获取需要和喜欢的新闻信息。

到此为止,移动互联网、算法与新闻信息三者之间的关系,在以用户为中心的商业化平台思维下融会贯通。

正如张一鸣所说:"从用户的普遍需求与核心需求出发进行思考,是我创业与做互联网产品多年的思维习惯,与传统媒体的思维相比,这可能也是一个不一样的地方。"由于没有传统媒体和互联网媒体的桎梏,这个年轻人反而更勇敢地贴近了历史趋势的真相。

张一鸣自信但并不自大,坚决而并不疯狂。他认准了新闻信息推荐方向,但并未立刻将全部资源投入其中。字节跳动成立后,他决定开发两个小软件,试水新算法模型的力量。

这两个软件的成败,将决定字节跳动与张一鸣共同的命运。

从试水到爆发

2012年3月到5月，字节跳动开发并推出实验性产品"搞笑囧图"和"内涵段子"，这两个App的技术结构，与后来的"今日头条"基本相似，但内容却和新闻信息没多大关系，只有网络搞笑图片与文字。

张一鸣后来承认，这两款产品涵盖了之前他对信息分发算法的所有想法，针对最接地气的领域进行突破。

当时，移动互联网发展已经很快，新创公司想要获得未来的机会，就不能只和看得见的竞争对手赛跑，更要与飞速发展的行业抢时间。张一鸣又拿出做社交产品的经验，暂时强调"流量为王"，尽快推出产品来获取足够的用户数量，以便对想法加以验证。

张一鸣的试水点相当老辣。当时，几个门户网站的移动端新闻阅读应用，用户数量均已上亿。尽管这些产品模式还相当呆板，既无法实时推送，也不能了解用户个体特征，宛如"万人一面"的手机报纸。但是，初出茅庐的张一鸣，想要从这些巨无霸手中撬动客户仍是困难重重。张一鸣知道无法依靠深度内容取胜，只能剑走偏锋，用直观简单而迅速见效的图片和段子来吸引用户注意力。

大学男生宿舍的生活经历，让张一鸣精通市场需要什么。"搞笑囧图"和"内涵段子"凭借各种"恶趣味"、亚文化和圈子暗语，吸引了越来越多的用户，得以在搞笑类信息App的领域扩大阵地。

同时，张一鸣没有忘记向投资方与团队成员描绘未来的宏大目标，他以这两个App的良好势头，展示出微缩的产品愿景。张一鸣说："未来，我们要覆盖很多形式，有图片、视频、文章、音乐等；要有很多主题，有搞笑、美女、知识、资讯等。我们要覆盖很多平台，有手机，有PC。我们的产品信息构架要覆盖分发和创作，我们邀请很多创作者，我们要有很多的互动，有神评论、有头条的热门互动。"

张一鸣率领的字节跳动，因为这种标志性的创业打法开始被同行们广泛认识。这套打法的起手式，是迅速开发出多款App，立刻进行市场验证，一旦发现有成为爆款的迹象，就全力投入资源，集聚流量并准备转移到主流量池内。而对那些没有前景的产品，则及时下架止损。

有人用16个字总结字节跳动起家的秘诀，即"遍地撒网，确定爆款，获取流量，集聚平台"。

这套打法成功的关键，在于布置强大的产品矩阵。字节跳动早期推出的数十个App，看起来有所联系，但却又各自不同。它们以各种渠道，广泛出现在潜在用户的面前，这让所有目标人群，最终都会或深或浅，步入字节跳动的流量池。一旦习惯其中任何一个App，他们对字节系其他产品的包容性也会大大增强。由于降低了用户在App之间转移的难度，字节跳动的获客成本得以大幅度降低。

知春路锦秋家园的民居中，张一鸣和团队娴熟地运用这套布阵引流的打法，不断积蓄力量，时刻准备爆发。由于选择了正确的突破途径，他们虽然毫无内容基因，但凭借强大的算法模型，将原本由四大门户网站新闻客户端牢牢把持的移动资讯市场，撕开了一道缝隙。在缝隙中透进的，不仅有移动互联时代资讯的新曙光，更有源源不断的用户，以及呼之欲出的商业价值。

到2012年8月份，曙光变成了朝阳，徐徐照入现实。"内涵段子"的成功地位无可撼动，该App的用户总量达到700万，日活跃用户约100万，长期稳居苹果App Store（应用商店）排行榜前列。在此过程中，字节跳动开发了一款交叉兑换系统，这套系统一头链接"内涵段子"，另一头链接新的App，犹如引导水流那样，源源不断将用户迁移过去。

新App登场时辰已到，它叫作"今日头条"，这才是张一鸣真正想要的产品。

今日头条并非传统的新闻搜索引擎，而是一款会学习用户习惯的资讯软件，它分析用户的兴趣爱好，自动推荐他们喜欢的新闻内容，并能伴随用户的使用，变得越来越"聪明"。今日头条创始之初，口号为"你关心的，才是头条"，从中能看出张一鸣赋予其产品定位，即更突出信息传递的个性化，通过用户行为分析、推荐引擎技术支持，实现个性化、精准化的信息咨询推荐，满足用户日常新闻阅读和分享需求。

今日头条运用了"内涵段子"的算法结构，打造出的是兴趣新闻平台，这标志着张一鸣正式着手向传统互联网新闻媒体发出挑战。

这场挑战的开头异常顺利。在"内涵段子"等前期引流渠道的作用下，今日头条仅花费了100万元的推广费用，就获得了上百万的日活跃用户数量。

2012年第三季度，今日头条刚上线不久，就在App Store资讯类客户端排行榜中排名第二，仅次于苹果官方的"iBOOKS"，强势超越了"腾讯新闻""搜狐新闻"等互联网大佬级产品。

到2012年底，这个初生产品的用户数量已经从开始的1000万上升到5000万。海纳亚洲创投基金对字节跳动A轮投资200万美元之后，又进行了100万美元的A+轮投资，张一鸣始终追求的"全网全信息"梦想，得到了市场的肯定。

从餐巾纸上的蓝图起步，今日头条如同烈火燎原般点燃了人们的注意力。来自资本与商业市场的肯定，让张一鸣这个几年前看起来还像学生的CEO意气风发。此时，他并不清楚，字节跳动将参与的战争才刚刚开始。

第三章

挑战与争议

  今日头条初试啼声,赢得市场的一片喝彩。但张一鸣很快就发现,这款 App 不仅需要解决资金来源和盈利模式问题,更要面对传统媒体与互联网媒体的联手反击。与此同时,围绕着字节跳动其他产品的不足,争议声音也变得越来越多……

  年轻的张一鸣与字节跳动,还能走多远?人们拭目以待。

金钱之路

2012年,张一鸣在咖啡厅的餐巾纸上画出线框图,向王琼讲解了他构想中的产品原型,并以此获得了天使轮和A轮的融资。在商业模式和产品逻辑并未完全清楚的情况下,张一鸣凭借对技术的理解与驾驭,以及对产业的视野和格局,赢得了王琼的认可。

实际上,追求早期投资时,很大程度上需要创始人展示能力与心智,去赢得投资人的认可。投资者人可以不完全理解创业者要去的地方,但要相信创业者寻找道路的能力。

当字节跳动想要获得数千万美元的估值时,情况就完全不同了。

2013年3月,张一鸣与他的公司开始面临金钱问题,天使轮和A轮拿到的融资,已接近弹尽粮绝,今日头条距离盈利尚有距离,而新的资金又在哪里?

王琼靠着自己的人脉关系,约了20多位投资界人士,跟他们见面,介绍张一鸣和其产品。然而,一圈走下来,张一鸣谈话谈到失声,却依然没人看好今日头条。只有一两家表示略感兴趣,但报价太低,并不符合张一鸣的期望。

王琼实事求是地对张一鸣说:"国内的资本市场,现在几乎没有看好你的机构了。"

其实,这并不能怪国内资本市场太现实。整个移动互联网资讯内容市场，基本上已经被瓜分殆尽，四大门户网站的新闻客户端覆盖了全部用户。桌子对面的投资人投向张一鸣的眼神陌生而现实，提出的问题简单直接，他们问："资讯内容？已经有门户了啊？新浪、网易、搜狐，个个都是几亿用户。此外，还有鲜果、无觅、ZAKER这样的垂直媒体客户端，今日头条？到底有没有空间？"

有投资机构就张一鸣的事业断言："对于现在的今日头条，后续可以有几种推演。最好的情况下，像微博、乐视那样独立抗击BAT，并非没有机会；最差的情况，大概是选择BAT中一家站队，投资者和创业者也都可以全身而退……"

面对投资人怀疑的眼神，张一鸣所能举出的运营数字即便再好看，也显得单薄无力，B轮融资由此变得不太顺利。张一鸣知道，这时候，需要一份更详细、更具备说服力的创业计划书。

2013年3月，今日头条的第一份正式创业计划书出炉了。这份名为《最懂你的头条——基于社交挖掘和个性化推荐的新媒体》的计划书，总共21页，囊括了张一鸣与字节跳动对今日头条的所有解析与希冀。

整份创业计划书围绕投资亮点展开，分为7个部分：即将爆发的个性化数字媒体市场、独创的个性化资讯发现引擎、领先于世界同类产品的功能和技术、行业领先的用户黏度和自然增长、完善的多产品布局覆盖移动终端和PC端、具有丰富创业经验和技术功底的团队，最后则是业务发展与融资计划。

这份创业计划书有着完整的逻辑，采用了自顶向下的方式，先介绍市场，再介绍项目形式，随后细化项目的竞争力和团队情况，最后讲融资计划。这种循序渐进的逐步推导，让每个环节都清晰起来，不断去说服投资人，从而一步步建立投资人对今日头条的信心。

商业计划书的第一页，只有标题和一句话介绍，并没有太多高深莫测的名词，却实实在在地讲清楚了产品的价值，那就是"基于社交挖掘"和"个性化"。随后，张一鸣向投资人指出移动互联网开启了崭新的个性化数字媒体市场，他用4张图表分别列出了手机网民规模的增长、移动互联网广告市场的高速增长、泛阅读类应用在移动广告投放领域的重要地位，以及泛阅读正在成为移动互联网最主要的用户行为。随后，他又指出，泛阅读市场变革的动力和用户的痛点，是来源"多样化的丰富内容与移动时代碎片化小屏幕阅读的矛盾"。

上述内容被很简洁地控制在两页内容中，方便让投资人迅速了解今日头条的价值。因此，张一鸣并没有长篇累牍地用流程图来介绍，因为那样很难让投资人直观地看懂他在做什么。他知道清晰界定目标非常重要，因为投资人更希望看见创业团队是如何理解目标市场和市场规模的。理解得越是清晰，说明CEO进行的战略思考越深入，投资人才会更加认可。

在第三部分，张一鸣展示了整个今日头条平台的框架，并将其主体描述为"独创的个性化资讯发现引擎""基于兴趣图谱的个性化数字媒体"。他用产品页面的直接截图，分别展示出今日头条的特点在于"简单直接""最懂你""高质量评论""兴趣社区""全平台覆盖"等，让投资人直观了解这个平台，并进一步介绍产品的功能。

到第四部分，创业计划书以直观的曲线增长图，展现出良好的用户口碑和不断上升的用户数量，并指出在上线5个月后，今日头条的留存率和用户活跃度已达到行业领先水平。

随后，张一鸣才开始向投资人介绍较为枯燥的技术亮点。其中包括独创的数据处理和推荐技术底框架、自然语言和多媒体信息处理、高维度用户兴趣建模、高性能的实时大规模数据运算等。以此来印证今日头条何以在短时间内就能取得耀眼的行业成就。

第六部分中，创业计划书重点展示了创业经验丰富的团队。张一鸣作为创始人和CEO自不必说，负责产品的黄河、负责研发的梁汝波、负责人力资源的肖金梅，以及高级工程师李飞、银平、立秋凉、周晶锦，也都是他从酷讯和九九房带来的得力干将，而团队其他主要成员也均有资深的行业背景。

最后一部分中，张一鸣展示了他对今日头条未来的计划，包括扩充信息类型与来源、深挖用户特征、升级推荐系统、强化社区互动、国际化与商业化尝试等，其中尤其突出了今日头条巨大的广告价值。他自信地宣称，今日头条凭借高覆盖渗透和极具黏性的特点，将通过对用户兴趣爱好的提取，把广告转换为内容，为媒体提供更加精准的广告投放渠道，通过数据不断变现。

虽然这份商业计划书的PPT制作形式并不算精美优良，但内容却能扎实地抓住人心。张一鸣没有将真正的野心写入其中，包括成长为千亿级公司、全球最大的内容创作平台，他虽早已有所谋划，但并未写到创业计划书内。他不喜欢把发展规划说得很远，也特别讨厌给别人"画饼"，无论是作为员工、创业者，还是此后赫赫有名的独角兽公司老板。

也许是新的创业计划书带来了好运气，也许是冥冥中今日头条注定能获得救赎。有一天，王琼在网上看到推荐的新闻报道，报道说，DST[1]的Yuri投资了美国的Prismatic公司。

DST、Yuri、Prismatic……在投资界摸爬滚打多年的王琼，对这些名字耳熟能详。

Yuri的名号无人不知。他全名为Yuri Milner，俄罗斯籍犹太人，

---

[1] DST即数码天空科技公司投资集团，总部位于俄罗斯莫斯科。公司是俄罗斯、CIS和东欧互联网市场的主要投资商。2019年11月16日，胡润研究院发布《2019胡润全球独角兽活跃投资机构百强榜》，DST排名第8位。

父母是高级知识分子，本人毕业于世界十大著名高校之一的莫斯科国立大学物理学专业。早年他赶上了苏联解体后的国有资产私有化，在美国倒卖电脑发家致富，后来成为苏联解体后第一个去宾夕法尼亚大学沃顿商学院读 MBA 的人。再后来，他和别人共同创办了风投机构，到 2005 年，建立了主要投资互联网企业的 DST 公司。

DST 的风格和俄罗斯民族的风格一样简单直接。2008 年，Yuri 看到金融危机影响了 Facebook 融资的新闻，便直接打电话给这家公司的高管，提出投资两亿美元收购其 2% 的股份，至于优先股、董事会席位、投票权，则全部送给公司。扎克伯格喜出望外，立刻签订了投资协议。随后，Yuri 又接连拿下硅谷的四个大项目，包括 Twitter、Airbnb 等，投资方式如出一辙：出高价，同时不要任何决策权。

在中国，DST 分别投资了阿里巴巴、京东、小米、新浪、陌陌等，方式同是如此。由于 Yuri 不要任何决策权，所以任何公司他都便于涉足其中，而又不必卷入内部竞争。

至于 Yuri 投资的 Prismatic，王琼也早有耳闻。这家公司名声不算大，但产品和今日头条一样，都是通过智能推荐算法为用户提供感兴趣的内容。既然 Yuri 能投资他们，自然有希望投资今日头条。

随后的事变得简单起来。王琼联系到 Yuri，Yuri 派团队到北京测评了产品，随后很快决定投资。到 2013 年年中，今日头条完成了 B 轮 1000 万美元融资，主要来自海纳亚洲创投基金和 Yuri 个人。字节跳动公司的估值达到 6000 万美元。

金钱之路越走越宽，但张一鸣获得的不仅是投资。2013 年三四月份，B 轮融资尚未完成时，王琼就建议张一鸣尽快建立广告系统，抓紧时间"自我造血"。早在今日头条刚上线时，她就建议张一鸣学习广告代理。王琼介绍来很多广告和媒体代理机构，以便张一鸣了解广告客户是怎么想的。张一鸣很快发现，这步棋确实走对了，因为今日头条的 A 轮投资已告罄，幸亏及时上线了信息流广告系统，才让公司渡过了难关。

在此之前，张一鸣的团队从未对今日头条做过任何公关营销，这款产品始终只能为字节跳动带来收入而非盈利。随着信息流广告系统的使用，他们开始大举进入移动广告市场。传统互联网网站的广告形式，主要是对联、弹窗、灯笼、横幅等，许多人都对门户网站首页两旁不断飘动的广告感到厌烦。张一鸣认为，这对用户体验是很大的伤害，广告应与内容结合，"内容即广告，广告即内容"。

他曾用一款汽车广告，向团队说明了这种模式的特点。传统的汽车广告大都采用"尊贵体验、无上荣耀"之类的标题，但在今日头条，汽车广告是有阅读性的文章，包括了车型特点、优势、价格等详尽信息。如果文章中有图片，也会是漂亮高质、贴近用户的，而并非空洞的画面。

按照这一标准，今日头条对广告主允诺了信息流广告的形式。此后，信息流广告系统果然构成了今日头条的大部分收入来源。这种广告系统单独向今日头条投放广告，既不破坏用户体验，也适合平台的浏览环境。广告的点击量和转发量都很高，日点击量迅速突破十万次。许多人看完广告内容，被深刻影响，却未能意识到自己观看的是商业广告。广告商们同样发现，在今日头条投放的广告，效率比在门户网站上高得多。

依靠信息流广告，今日头条很快基本达到收支平衡，等来了 B 轮投资。但张一鸣并没有停止对信息流广告模式技术的钻研与投入。他了解到，广告主希望今日头条能利用技术手段，更清晰地将广告投放对象的详细信息刻画出来。例如，怎样将一则汽车广告精准推荐到北京地区的越野车车主或爱好者手中。同时，广告主也希望今日头条的效果报告越来越具体，包括广告被谁点击、谁读完、谁最后交易了等广告投放状态跟踪。总而言之，广告主们希望广告能通过今日头条，落地到每个用户。

以此为契机,张一鸣带领技术团队投入到研发中,致力于帮助用户发现更多有价值的商业内容,并为广告主找到更有价值的用户。随着这套广告模式愈发成熟,今日头条通往财富的道路,也变得越来越清晰。

当然,张一鸣并未忘记,内容为王,才是今日头条广告盈利的基础。

挑战门户网站

"传统网站上，总是在讲奥巴马如何如何。实际上，用户更感兴趣的可能是自家门口地铁站发生了哪些事。"2013 年初，张一鸣简洁而肯定地指出了新闻媒体用户的需求痛点。

根据 2013 年上半年对中国手机新闻客户端的调研，手机新闻用户规模已达到 2.85 亿人，相较 2012 年年底增加了 23.9%。手机新闻客户端在中国手机网民中的渗透率已达到 56.3%，成了多数普通手机网民获取新闻的重要渠道。与此同时，各大门户网站的新闻客户端却在每天重复同一件事，即不断将门户新闻头条直接推送到用户手机上，每个人获得的都是千篇一律的新闻。

在张一鸣看来，这种推送与其说是将门户网站内容粗暴转移到手机端，不如说是在运用传统平面媒体的中心化思维模式，打造着移动互联网产品。由一两个编辑和一群记者，生产和分配着每个人必须接受的信息，只不过载体从一张 4 开的报纸，演化成每个人手上的智能手机。

这显然不合理。中心化传媒，终究要成为明日黄花，而个性化算法的信息推送，才能塑造真正关心读者需求的今日头条。因此，字节跳动并未研究以往的新闻客户端，而是抛开包袱，不拘一格地打造新产品。张一鸣决定，在今日头条的开发过程中，团队应致力于研究并理解用户如何获取信息的过程，而不再受困于新闻媒体所一直面对的诸多缺陷。

从一开始，张一鸣就要求技术团队将搜索和推荐的技术优势相结合，为每个用户推荐与其切身相关的资讯，从这个角度来看，今日头条的定位很快跨越了新闻客户端，直逼用户与信息联系的移动互联网入口。

那时的今日头条，没有采编人员，不生产内容，也没有原生立场和价值观。今日头条本质上只是由代码搭建成的算法模型。创业之初，几乎所有员工都只负责在桌前埋头写代码。此后，尽管团队不断壮大，工程师在该企业员工中的比例，一直保持在三分之一以上。他们所搭建的算法模型能够通过手机终端，不断记录用户在今日头条上的每次行为，并基于此计算出他们每个人的喜好，推送其最有可能感兴趣的内容。

工程师们致力于让算法越来越"聪明"。当用户打开程序，列表中的每条新闻都在给用户提供决策机会。如果用户选择"不感兴趣"，系统就会自动降低推荐该类内容的频率。用户的决策越是稳定、准确，软件对用户的喜好就越是了解。

为了保证算法有充分的内容选择空间，今日头条的工程师们编写了一整套"爬虫"软件，这些"爬虫"的工作是每天不间断地进行全网扫描，将抓取到的有用信息缓存在服务器上，再由算法进行分析归类，并第一时间推送给用户。

张一鸣将今日头条看作"亲儿子"，他对用户说："你要调教它，驯养它，它就会自我演化。"语气宛如慈祥的父亲，将初出茅庐的孩子托付给芸芸社会。

张一鸣敢为今日头条定出不同的路，在于他提前建构出了与传统互联网相区别的信息分发世界。

在这个世界里，上千台服务器 24 小时昼夜不停地运转，将全网信息蕴纳其中。数百人的纯技术人员团队，凭借社交、搜索和广告领域的丰富工作经验，打造出强大的算法程序。它不知疲倦地穿梭游弋，从参差杂乱的数据沙海中，不断捡取细微的金粒。这些数据"金子"通过资讯搜索与分发的流水线，被送往内容审核部门，提纯为富含个性价值的信息，再推送到数以亿计的智能手机里，创造出珍贵的商业价值。

凭借独特的搜索与推荐优势，加上之前"内涵段子"的存量用户资源，今日头条势必厚积薄发。

尽管用户量不断上升，但从 2012 年到 2014 年，都只是今日头条的产品探索期。在该阶段，张一鸣关注的不是数字或盈利，而是对今日头条产品功能的不断完善，包括完善产品形态、完善推荐功能与评论分类功能等。其次，他还在关注产品 bug 的修复和如何不断优化用户体验，最终摸索出清晰的产品发展路线。

在探索阶段，今日头条也遇到过瓶颈。2013 年年末，有用户评论说"怎么那么多版本啊"，也有人说"重新下载的真心没原来那个好用"，还有人表示"图标好难看"……不过，凭借强大的技术团队，这些问题都被以快速迭代的方式解决了。

为确保用户量的增长，字节跳动主动与华为、小米等手机厂商合作预装载。这也是其早期注册用户迅速增多的主要原因。毕竟，他们并没有在其他推广渠道上投入多少资本。

探索期之后，从 2014 年初开始，今日头条进入了增长时期。与前一阶段重视以技术完善来提升算法不同，这个阶段，今日头条进一步关注产品功能和用户体验，呈现了大量的全新内容，提供了崭新的分发方式。

例如，2014 年 1 月 3 日，今日头条对详细页面进行优化，提供全新频道管理，使用户订阅排序更方便，页面更为简洁。2月23日，活动专页上线，新闻推荐精准度提高，添加好友也更为方便。4月15日，新增了专题功能，聚焦重大新闻事件；提供了好友推荐功能，帮助用户发现更多朋友……

这些功能，帮助用户在今日头条上更为精准地获取信息，提升用户的留存率和使用时长。同时，那些新增加的频道能吸引更多用户，而分享到QQ、微信朋友圈等新的流量获取方式，同样能帮助今日头条快速获取流量。这一阶段的蓄力，为今日头条即将到来的进一步高速发展做足了铺垫。

万事俱备，争夺门户网站用户的战役中，今日头条节节获胜，崭露头角的时刻即将到来，张一鸣的梦想正在成真。但是，高速发展的背后，今日头条也隐藏着潜在危机，其核心正是内容版权问题。

直面版权争议

今日头条并非张一鸣心血来潮的创业灵感，而是他多年梦寐以求的夙愿。早在 2007 年，他刚进入酷讯开始创建火车票搜索系统时，就敏锐地发现了传统互联网平台上的信息是不对称的，用户是被动接收信息的。然而，此时正是百度与谷歌的搜索模式刚被国人习惯的年份，在硬件上，诺基亚还占领着中国手机市场的大份额，智能手机只是个奢侈品。

直到 2012 年，积累已久的张一鸣才与扑面而来的移动互联网时代擦出火花。随着设备与技术的进步、社交媒体的发展，张一鸣确信自己拥有的资源，足以运用崭新逻辑，在各个垂直信息领域创建全新系统，彰显与实现自己的野心。

跨越时代的主张，不可能不付出代价。

正如九九房一直因为抓取他人网站数据而遭受质疑那样，从今日头条诞生之日开始，"盗版"争议就不绝于耳。事实上，张一鸣从开始就并不讳言新模式隐藏的风险，但他以谷歌创始人拉里·佩奇和谢尔盖·布林在斯坦福校园创建谷歌的经历为榜样，认为搜索引擎在早期也被看作"盗版"，而字节跳动所做的，无非是要将这段历史再次复制到中国的移动互联网上。

张一鸣对今日头条模式价值的理解与塑造，触动了原有的利益格局和游戏规则。2014年6月，朝向字节跳动的"第一炮"发出了轰鸣。《广州日报》旗下的大洋网向北京市海淀区人民法院起诉今日头条内容侵权，要求今日头条立即在其移动客户端删除有关文章，并刊登一个月的道歉声明和支付相应的经济赔偿。

初生的今日头条对这一问题采取了"躲闪"态度，字节跳动公司既没有对相关问题进行抗辩，也不回应赔偿诉求，而是提出了管辖权异议，认为该案件不应由北京市海淀区人民法院审理。与此同时，今日头条在其官方微博发表声明回应诉讼，提出自身是依靠数据挖掘与机器学习，为用户自动推荐信息，这种方式与以往的工具和服务并不相同，以至于有媒体朋友产生了误解。

这份声明的主要观点内容有三部分。

第一，今日头条宣布自己是一家搜索引擎，与网络媒体的合作遵守搜索引擎的Robots协议[1]，并不存在侵权问题。今日头条在过去一年多时间内，同数千家媒体网站、门户垂直网站、新兴网络社区以及自媒体达成合作，也会尊重所有的媒体网站，对任何有异议的内容做断开处理，不再显示其内容。

第二，今日头条是移动端的阅读应用，和PC端的导航网站、搜索引擎类似，并不修改合作网站页面内容，也不在其上展现自己的广告。对合作网站页面完整呈现，包括网址、广告、品牌、下载链接、微信公众账号等。因此，用户能完整地重定向给各个媒体网站，许多

---

[1] Robots协议也就是robots.txt文本文件，当一个搜索蜘蛛访问一个站点时，它会首先检查该站点根目录下是否存在robots.txt。如果存在，搜索爬虫就会按照该文件中的内容来确定访问的范围。如果robots.txt文件不存在，搜索爬虫将会抓取网站上所有没有被口令保护的页面。商业网站大多会在robots.txt中提供SiteMap文件链接地址，为搜索引擎指路，方便爬虫更好地抓取网站内容。

合作网站因此获得了每天上百万的用户访问，形成强大的导流。这些网站也由此获得了更多的用户、影响力、广告收入和投资。

第三，作为新兴的初创科技公司，今日头条平台已有数千家媒体入驻，并正在快速增长。今日头条积极建设移动互联网上的内容生态系统，在技术支持、流量转化、商业变现等方面，都在做面向未来的架构与尝试。因此，今日头条愿意与具有开放心态的媒体网站一起探索、一起成长、一起拥抱移动互联网的未来。

两种截然对立的表述方式，一时间引发了舆论关注与争议。

有人认为，今日头条对媒体新闻文章内容采取了"深度链接"和"二次加工"，必然涉嫌侵权。也有人认为，"今日头条"并不是这种新闻搬运模式的首创者，它只是将之发扬光大，本质上并没有改动媒体新闻链接，也没有侵犯版权。

正当这场围绕侵权与否的媒体风暴即将愈演愈烈时，今日头条和《广州日报》之间的和解却迅速到来。在提起诉讼仅十几天后，《广州日报》宣布撤诉，表示希望能和字节跳动积极沟通，形成更准确与深入的了解，达成双赢的合作模式。作为回应，张一鸣随即向外界表示，字节跳动正考虑以传统版权购买形式与媒体合作，并已开展接触。同时，今日头条也将断开所有无合作意向的媒体链接。

一场争议，就此消弭于无形。原本指望碰上"大新闻"的其他传统媒体，对这突如其来的和解多少感到意外。意外之余，许多人清楚地意识到，传统媒体和今日头条这类新媒体平台的合作是大势所趋，无论将今日头条定义为移动搜索引擎，还是将其看作新闻客户端，这个趋势都无法阻挡。也有人推测，今日头条将会逐步向传统媒体支付一定的版权费用，而增值业务的分成模式则可以共同探索。

同《广州日报》的诉讼与和解，是字节跳动面对的第一桩版权争议，张一鸣利用迅捷的反应、灵活的谈判，在短短十几天内就解决了问题，达到了双赢效果。但他知道，这绝不会是最后一次争议。

2014年6月24日下午，位于中关村的搜狐媒体大厦会议厅内，人头攒动，闪光灯频频亮起。搜狐公司突然召开的这场新闻发布会，引燃了现场全体记者的情绪。

在这场发布会中，记者们多少有些尴尬，一方面，新闻工作者的职业素养要求他们不应带着情绪和倾向，但另一方面，他们又或多或少参与在事件当中。

原因就在于本次新闻发布会的主题。

搜狐总编辑吴晨光严肃地走上台，发表了简短的声明。他认为，今日头条未经许可复制、篡改搜狐享有著作权的版权内容，严重侵犯了搜狐的著作权。搜狐要求今日头条立刻停止侵权行为，刊登道歉声明，并赔偿经济损失1100万元。吴晨光宣布，公司已就此向北京市海淀区人民法院提出正式诉讼。

记者们怀着复杂的感受离开了会场。不到两小时后，本已四散的他们又聚拢到距离搜狐媒体大厦不到三站地的知春路，在北京字节跳动科技有限公司，另一场新闻发布会正式召开。

张一鸣作为今日头条的创始人，站在了所有媒体人面前。此时，他经历了"创业甚至毕业以来最忙碌的一个月"，《广州日报》诉讼之后，他又面对着接踵而来的诉讼、发泄不满的合作方，只能不断在线上线下的公开场合发言。有时候，因为采访时间迟迟无法敲定，记者甚至在微信里和他发起脾气，最终他还是会选择妥协，连晚饭时间都要接受采访。

这次发布会上，张一鸣发表了与搜狐不同的看法，他将对方所提出的问题性质，看成行业之争。张一鸣表示，虽然搜狐是原告方，但自己实际上已多次和张朝阳约谈，内容涉及投资或收购的可能。他进一步强调，"是否有利于项目本身，是我的原则，否则就不考虑了"。

他向在场的记者们展示了与搜狐各个部门之前的邮件往来，借以证明双方确实存在合作，并略显委屈地提出反对意见："搜狐说，这些是个别部门和一段时间内的合作，这解释也太含糊不清了。"

当然，张一鸣没有忘记自我批评，"过去，我们确实有些地方做得不够好"，但紧接着他话锋一转，绵里藏针地说："这种恶意竞争的方法我们也不接受。"

显然，对于搜狐的发难，张一鸣多少有些措手不及。他认为今日头条并没有太大问题，问题是这个"初生子"坐在了传统媒体与新媒体的宿怨之间，成了众矢之的。平面媒体和互联网媒体之间的版权争夺战早已旷日持久，当互联网媒体转头一看，发现自己竟然也成了"传统媒体"，这一窘境让他们更为抱团一致。

新闻发布会后，张一鸣迅速开始布置应对措施。今日头条团队紧急召集工作人员，和各大媒体补签协议。甚至有些员工主动将本来该休的年假取消了，表现出高昂的士气。张一鸣自己则表示，版权费对字节跳动不是问题，自己想要追求的是与其他媒体之间互利共赢的商业合作方式。他说，自己作为10多年平面媒体的重度用户，宁愿坐下来谈合作，而不是你死我活。

与此同时，字节跳动并未示弱。7月9日，他们同样向北京市海淀区人民法院提出诉讼，要求搜狐停止商业诋毁行为，公开道歉，并赔偿经济损失100万元。

这种反击更多的是一种姿态，张一鸣并不愿意矛盾扩大化。他坚信，今日头条是新生事物，在"这个孩子"的成长路上，必然还会有新的风暴。自己所要做的，就是尽力守护与矫正，确保今日头条的健康发展。

现金补贴，让头条号更美丽

与《广州日报》、搜狐的一系列诉讼，既让张一鸣体味到字节跳动成长的坎坷，也引发其深入地思考与反省。张一鸣从来没有怀疑过信息个性化推荐分发的战略方向，但此时他需要做的，是让前进之路变得平坦起来。

2014年前，无论是张一鸣还是今日头条，都没有太多关注内容创作者群体。在此之前，今日头条分发的内容，主要依靠抓取互联网上其他媒体的新闻，经过整理、归类、排行之后，推出实质上的"二次加工"版本。他们依托强大算法推荐信息流，野蛮而迅速地从四大门户把控的移动资讯市场中抢夺份额，迅速归拢了下沉市场基数庞大的用户。即便并没有明显违反法律规定，但或多或少会给人以"打擦边球"的疑惑感，引发诸多诉讼也就不足为奇。

伴随着矛盾的激化，张一鸣迅速演算出下一步骤的最优解，那就是尊重版权、重视内容。

尊重版权，是立足信息内容行业的根本，无论是新闻客户端，还是搜索引擎或分发平台，概莫能外。纠纷出现后，字节跳动马上宣布加深和传统媒体的版权合作，也是因为进一步意识到移动内容分发的成败关键，不仅在于"分发"，同样在于"内容"。

外界的反应，证明这一最优解的正确性。此时，四大门户受到今日头条的启发，启动了产品机制的革新。对于这些企业而言，基于算法的个性分发模式，并非是很难逾越的竞争门槛。从2014年下半年开始，他们纷纷在各自新闻客户端推出了个性信息分发模式，腾讯还直接发布了天天快报这一产品，直接对标今日头条。

算法如同今日头条的城墙，想要让"城墙"防守固若金汤，必须开掘更深更长的"护城河"。张一鸣与他的团队非常清楚，"护城河"唯有内容一途。何况，内容生态原本就是移动互联网上方兴未艾的商业热点。

为了打造强大的信息分发平台，字节跳动就不能仅使用搜索引擎的模式，不能仅依靠服务器里的"爬虫"。在通往美丽内容生态的大方向下，字节跳动必须拿出更多真金白银，去激励众多的原创作者，贡献更好的内容。

2014年下半年，今日头条推出"今日头条媒体平台"，后改名为"头条号"。这标志着今日头条开始从单纯的内容分发平台，进化为内容生产平台。同时，这也是今日头条正式对标腾讯的微信公众号平台，以机器分发的模式，对抗其成熟的社交分发模式。

任何强大的平台，都离不开成熟的内容。为了解决内容供给侧问题，张一鸣决定以时间最短、见效最快的方式进行推动。

2015年9月，今日头条举办的第一届"头条号创作者大会"上，一场盛大的补贴奖励计划宣布展开。这场名为"千人万元"的行动主题，就是为1000个头条号，每月奖励至少10000元固定收入。

一石惊起千层浪。在当时，敢于为草根作者直接发放现金奖励的自媒体平台少之又少，而字节跳动却能够出1000万元的补贴，堪称大手笔。人们没有想到，这只是张一鸣豪赌原创内容的开始。

2016年，张一鸣带着10亿元现金，来到第二届"头条号创作者大会"，宣布将用于补贴短视频作者。此时，papi酱刚刚凭一己之力，让短视频成为移动网络最火爆的名词，张一鸣立刻注意到这个成功个案，他因此更笃定地认为，下一个原创内容的创业风口在于短视频。另一方面，今日头条宣布成立内容投资基金，投资300家团队的内容生产，并成立了以"头条号创业空间"为名号的两亿基金。

正是在这一年，"头条号创作者大会"正式更名为"今日头条创作者大会"，并重点扶持短视频的内容方向。补贴政策不仅面向短视频创作者，还着力满足他们吸引粉丝的新需求。头条号平台也宣布，将从智能推荐升级为智能社交，并推出"千人百万粉"计划。

用现金补贴作为催化剂，用头条号平台作为土壤，合力浇灌出美丽的内容花朵，引来更高数量级别的粉丝社交。今日头条终于完成了内容生态的基础建设，展露出勃勃生机。

2018年，"今日头条创作者大会"再次更名，正式冠以"生机大会"的名称。相比三年前第一届"头条号创作者大会"，此时的头条号创作者数量攀升上百倍。这年3月，今日头条日活跃用户超过1.42亿人，到年底，头条号创作者们总共发布了1.6467亿篇文章，总字数1599亿，阅读量超10万的文章共有113万篇。无数种子已生根发芽，茂盛的内容森林出现在移动互联网的世界里。

到此为止，人们可以将今日头条的成长清晰地划分为两大阶段。创业前3年，张一鸣的主要精力用于建设团队，提升用户转化率，获取更多流量，以博得更多资本投入和营业收入。但当用户不断增加后，内容成为今日头条发展的制约因素。第二个3年内，今日头条又投入大量资源，获取充足的优质内容，通过内容策略运营，进一步推动今日头条保持了高增长。

毫无疑问，张一鸣的独特营运思维，在主导这两大阶段的承继发展上，起到了决定性的作用。创业初期，他集中资源，以"吸引用户"为目标，实现了数量的突破，在个性化推荐这一垂直领域中获得集中优势。当这一优势受到挑战时，他立刻改变重点，将之设置在原创内容的发展上，并取得了相当的成功。

在整改中成长

今日头条的算法强大而灵活,这一点从其创立至今从未改变过。字节跳动的算法系统适用于旗下所有产品,再加上中国互联网市场的巨大用户流量,使这个推荐系统模型包含的数据非常庞大,是实时而全面的实验平台,因此,其算法系统的效率和作用,至今其他平台仍难以比拟。

然而,即便算法的力量超越想象,有着人类无法替代的能力,但随着今日头条的发展壮大,新的问题还是出现了。

2017年底,一则简短的新闻引起了行业内关注:"针对今日头条、凤凰新闻手机客户端持续传播色情低俗信息、违规提供互联网新闻信息服务等问题,约谈企业负责人,责令企业立即停止违法违规行为。对此,今日头条表示,依据有关部门的整改要求,今日头条App的部分频道,在2017年12月29日18:00至次日18:00之间,停止更新,进入维护状态。今日头条将严格按照整改通知,逐一落实各项管理要求,深入自查自纠,以严肃认真的态度,全面加强网站业务和人员管理,努力达到社会和广大网民的期望,为用户提供更好的服务。"

新闻越短,事情越大,这是互联网上被不断证实的法则。这一次,今日头条确实摊上了事。其中原祸,早在张一鸣创建这个平台时就已埋下。

用推荐引擎分发新闻,是对传统新闻媒体工作方式的巨大颠覆。无论是纸媒还是门户网站,都有庞大的编辑团队,对内容进行人工推荐,这种模式追求的真正目标是拓展信息覆盖的广度,只有大家都感兴趣的新闻,才能为媒体带来足够多流量。但这意味着小众的长尾[1]信息需求无法被满足,字节跳动想要解决这个问题,个性化推荐引擎就成为其最佳选择。

普通用户其实并不一定清楚其中区别,但张一鸣非常在乎。他认为,今日头条和网易、腾讯这些新闻客户端除了理念不同,就是实践方式和手段不一样。在门户网站的新闻客户端中,相当一部分内容是主编所关心的,经过他们选择的内容被推荐给用户,这本质上还是在用人工来判断。而初生的今日头条则只会依据用户的数据来判断。

换而言之,和网易那样宣称"有态度"的新闻客户端不同,张一鸣想要的是"没有态度",只有用户的兴趣。他不止一次说过,今日头条只是推荐工具,并不是新闻客户端,"我们只做平台,不做内容"。2016年12月,他甚至直言不讳地说出颇为惊世骇俗的观点,例如,"今日头条不需要设立总编辑岗位,也不需要有价值观,最好的内容管理就是实行不干涉原则。"言下之意,就是有机器算法足够了。

与年轻的字节跳动一样,张一鸣彼时毕竟年轻。在他眼中,今日头条只是技术平台,负责媒体分发,但无论在用户、同行还是监管部门来看,事实都并非如此。他的这些言论刚刚提出时,就遭到了舆论的批评,有人说,今日头条如果只像邮局那样负责分发,那就应该只

---

[1]信息需求正态曲线的凸起部分是"头部",两边相对平缓的部分是"尾部"。大多数用户需求集中在头部,而分布在尾部的信息需求是个性化、零散、少量的需求。这些需求会在需求曲线上形成"长尾"。将所有非流行的长尾需求市场累加起来,会形成比头部市场更大的规模。

分发有正规媒体执照和内容自律能力的信息。而事实上，在今日头条上分发的数十万大小媒体、自媒体，绝大部分并没有主管单位，也没有正规合法媒体经营执照，同样可能欠缺自律能力。如果今日头条不过问内容和价值观，如何解决低俗内容、标题党的问题？如果由此导致谣言、对社会有害的观点大面积传播，今日头条又如何管控？

率领今日头条一路高歌猛进的张一鸣，并未能用行动来回答这些问题，直到遭遇2017年底的约谈。随后，更多整改意见陆续到来。

2018年4月，国家广播电视总局约谈今日头条，网信办约谈今日头条旗下"火山小视频"，北京工商行政管理局海淀分局对今日头条做出行政处罚。4月10日，"内涵段子"客户端软件及公众号被责令永久关闭。

张一鸣也在积极行动。4月6日，今日头条发布通报，宣布下架万条问题视频，封禁4864个问题账户；4月11日，今日头条宣布关闭平台内语录、段子、趣图、美图和美女共5个频道；同时暂时关闭另一重要产品抖音的直播功能，并上线防沉迷系统。

当天凌晨，张一鸣发布了公开信。公开信如此说道：

"我真诚地向监管部门致歉，向用户及同事们道歉。从昨天下午接到监管部门的通知到现在，我一直处在自责和内疚之中，一夜未眠。

"今日头条将永久关停'内涵段子'客户端软件及公众号。产品走错了路，出现了与社会主义核心价值观不符的内容，没有贯彻好舆论导向，接受处罚，所有责任在我。

"自责是因为辜负了主管部门对我们一直以来的指导和期待……也是因为辜负了用户的支持和信任。我们片面注重增长和规模，却没有及时强化质量和责任，忽视了引导用户获取正能量信息的责任。对承担企业社会责任、弘扬正能量、把握正确的舆论导向认识不够，思想上缺乏重视。

"……我是工程师出身，创业的初心是希望做一款产品，方便全世界用户互动和交流。过去几年间，我们把更多的精力和资源，放在了企业的增长上，却没有采取足够措施，来补上我们在平台监管、企业社会责任上欠下的功课，比如对低俗、暴力、有害内容、虚假广告的有效治理……一直以来，我们过分强调技术的作用，却没有意识到，技术必须用社会主义核心价值观来引导，传播正能量，符合时代要求，尊重公序良俗……我们必须重新梳理我们的愿景。我们说，要做全球的创作与交流平台。这就要求我们必须保证所'创作'与'交流'的内容是积极向上的、健康有益的，能够给时代、给人民带来正能量。

"我们必须重新阐释并切实践行我们的社会责任：正直向善，科技创新，创造价值，担当责任，合作共赢。我深刻地认识到，企业的发展必须紧扣时代和国家发展主旋律。

"今天，监管部门、公众和媒体指出了公司存在的问题，是对我们的善意提醒和有力鞭策。我跟我的同事们将立即着手改变，改变自己的思想，改变我们的做法。"

道歉书只是开始，张一鸣决心以整改为契机，让今日头条在犯错后重新起步，在风雨中不断成长。他要求公司立即加强党建工作，对全体员工进行"四个意识"、社会主义核心价值观、舆论导向、法律法规等教育，真正履行好企业的社会责任。强化各业务线履行社会责任的制度化、机制化，将其纳入业务考核范围。深化与权威媒体的合作，提高权威媒体内容分发，保证权威声音有力传播。强化总编辑责任制，将6000人的运营审核队伍，扩大到10000人，全面纠正算法和机器审核的缺陷，不断强化人工运营与审核。

同时，字节跳动将2018年4月作为整改月，成立整改委员会，全面清查产品中存在的问题。定期向监管部门汇报整改进度，向公众同步整改结果。建立黑名单制度，对违反社会价值观的创作者永久封禁。启动专项未成年人保护措施，从产品、运营、审核等多个维度入手，保证未成年人的身心健康。在技术上，各项产品上线反沉迷、反谣言、反低俗系统，系统性解决所涉及的问题。还成立了内容监督专家团，邀请人大代表、政协委员、专家学者、媒体人等社会各界代表以及专业人士，对平台内容和服务进行监督，广泛征集意见，更好地提升内容质量。

没有遭遇过挫折的人生，不足以积淀厚重的灵魂；没有经历过跌宕的创业，不足以攀升完美的高度。经历过整改风暴，张一鸣和字节跳动扫清阴霾，焕发新生。

第四章

年轻的跳动

　　8年内,张一鸣所带领的字节跳动,在互联网巨头们的重重包围下,成长为与"BAT"并驾齐驱的公司。2019年年底,字节跳动营收达到1400亿元人民币,团队规模达到9万人。人们希望了解,张一鸣是凭借怎样的治理方式,打造出如此发展快速而高效的企业的。答案很简单:用组织的力量,凝聚年轻的公司。

　　"Develop a company as a product."(像运营产品一样运营公司。)

　　2015年11月7日,张一鸣在他的iPhone 6s上轻点屏幕,瞬间发出这条微博。这句直白的英文句子,与其外表与言行风格一样低调无奇,那时并未引起多少注意。这句话之下,当月产生的回复不过寥寥20条,而且多数是关于产品投诉的,与这句话本身没有任何关系。

　　时过境迁,人们即将认识到,张一鸣打造的并非某个App。他从一开始想要打造的核心"产品",就是字节跳动本身。

网状组织，强大中台

"核心竞争力直接来说是我们的产品，产品背后是我们的技术系统，技术系统背后是我们的团队和文化。"在张一鸣看来，互联网技术不可能形成长期垄断，而市场壁垒也往往脆弱。成功的创业者，并非只通过产品为用户提供价值，而是要做好公司本身的"产品经理"。

将企业作为"产品"打造，远比打造普通产品困难。当字节跳动的团队规模已将近9万人时，如何保持这个组织的竞争力？是依靠管理、制度，还是文化、内涵？

张一鸣用行动宣布，答案在于"强中台"的组织结构。

创业伊始，字节跳动就形成了"依赖于人和文化，而非管控"的组织结构。由于组织机构扁平，字节跳动相对于其他同规模的企业，更敏捷而具有战斗力，其核心理念是"大中台、小前台"。

从2017年开始，世界互联网企业的平台化治理方兴未艾。从基础设施到人工智能，各个治理领域不断涌现新的平台，给企业开发和运营人员带来了深远影响。从"BAT"到美团、华为、京东，都在调整组织架构，建立中台部门。一时间，"中台战略"实施得如何，仿佛成为角逐互联网战场的取胜关键。

中台究竟是什么？在一部分人看来，中台就是技术开发平台；而另一部分人则认为中台是微服务业务平台，诸如常见的用户中心、订单中心等业务平台。但字节跳动的"大中台"既非技术化，也非业务化的，它主要在企业中起到投资评估与管理的作用，更像是企业内部的资源调度中心和创新孵化组织。通过这样的"组织中台"，企业能对各类技术、服务和资源进行联通，共同支持业务的开展。

互联网大企业中，最先提出"大中台、小前台"战略的当属阿里巴巴，但率先实现"强中台"的却是字节跳动。有了强大的中台支撑，字节跳动即便只在开发前台上部署四五名员工，也能打造出抖音这样的产品。也唯有如此，张一鸣才能端坐在中台之后，组织开发和掌控庞大的产品矩阵，不断试错和迭代，使字节跳动不断快马加鞭地发展。

在字节跳动，最早开始运行的是无线研发平台。

2017年末，字节跳动基础架构团队着手对开发环节中各个阶段进行抽象化，建立起具有标准化开发、接入维护流程和辅助工具，以期实现一键集成、持续反馈与迭代的中台服务。这一服务内容的推出，顺利实现了从线下开发、CI测试再到线上管理的闭环，并针对不同的抽象研发阶段，形成了独立的技术成果。

负责基础架构团队的是梁宇明。2010年，他从清华大学毕业后加入Hulu，担任过Hulu中国数据与广告团队负责人。2017年末，他加入字节跳动，随即打造无线研发平台。

在此之前，字节跳动根据产品与业务类型，分别成立不同的团队，再由团队寻找和利用不同的开发工具，推出新的App产品。梁宇明清楚地意识到，为了更好地支持业务快速迭代，中台架构需要提供丰富而熟悉的接口，让业务研发团队能迅速上手，最快解决问题。在保持此特性的同时，还应尽量减少对他们的束缚，将通用的业务能力下沉到中台基础上完成。

随着中台的建设成功并推进，字节跳动拥有了标准化的开发、维护和辅助工具，业务开发过程构建速度慢、代码准入复杂、测试回归效率低等问题，都得到了充分解决。形象地说，这犹如革命军队从艰苦的"小米加步枪"年代，一步跨入了制式化装备的新阶段。

在设计和研发使用中台时，张一鸣提醒梁汝明应注意实际需求。他反复强调，不要一味去效仿阿里巴巴、腾讯，而是要着力解决技术架构和业务架构之间的矛盾，为业务"配速"。基础技术组的同事很快领会了他的意思，积极针对字节跳动当时面对的业务痛点和技术目标进行实践，构建出最符合自身需求的中台。

有了强大的中台技术，字节跳动可以迅速开发各个垂直领域的 App 应用。一旦业务方向确定，就立刻在中台基础上加速迭代和增长，开发效率要远远超过原有的独立业务单元。

即便看起来再符合现状的中台，也应不断突破和创新。分布式云编译，是字节跳动无线研发中台的核心技术，为高速开发 App 提供了有力的安全保障。该技术的产生，来自 App 研发团队此前遇到的实际困难。大型业务进程中，为了确保正常发版，需要 QA（质量保证人员）进行最后验证。因此，QA 每逢验收日，都要在工位上熬到下半夜，才能结束验证，其中关键问题在于构建测试包的效率低下。每遇大型业务，构建一次测试包，很可能要花费数十分钟到数小时。针对这个痛点，基础技术组主动自行研发了编译方案，将其纳入技术中台，在不用对业务流程进行任何改动的情况下，单次打包测试时间缩短到仅需 3~5 分钟。

字节跳动并非只有技术研发中台。

2019 年 3 月，字节跳动如法炮制，搭建"直播大中台"，其中抖音、西瓜视频和火山小视频三个产品的直播技术与运营团队被抽出合并，组成新的"直播业务中台"，支撑字节跳动旗下所有直播业务。对此，字节跳动官方并未做出直接回应。

不久之后，字节跳动收购锤子科技，又让人们听见了张一鸣打造硬件中台的脚步声。

有"强中台"的结构支撑，字节跳动内部并未按业务线划分多个事业部，只保留技术部、用户增长部和商业化部这三个核心职能部门。这三大部门根据各自能力和资源，分别对应负责支持大部分产品最核心的三个竞争环节，即拓新、留存和变现。"强中台"的组织架构，确保了资源被最大化地利用，将"中台效应"发挥到极致。整个企业结构更为扁平，形成类似于脸书和谷歌的"网状组织架构"。

字节跳动虽然看似庞大，但内部组织脉络却异常简单。张一鸣担任 CEO 时，直接领导 14 名公司高管，这些高管又总共领导了 91 位二把手，加在一起共 106 人。在这个层级之下，则是中基层员工。因此，即便再普通的员工，与张一鸣之间的汇报关系，也只有 3~4 层。

"强中台"与网状组织的建设，同时也孕育了以年轻、创新、平等沟通、无障碍合作为内核的企业文化。伴随着字节跳动的成长，张一鸣赋予字节跳动的这份精神财富，正变得越发贵重。

"不成熟"的企业文化

每两个月，字节跳动都会召开一次全员会议。会议上有固定的提问环节，得到机会的员工们或在现场，或利用网络，向张一鸣提出问题。

2017年的某次全员会议上，有员工提问："公司如何变得很成熟？"

面对孜孜以求的年轻脸庞，张一鸣笑了，或许是对方渴盼的眼神让他回忆起自己当年初出茅庐的样子。

"我的想法恰恰相反，"张一鸣说，"我们要保持年轻，不要对新事物随便持否定批判的态度。"

张一鸣并非否定成熟的意义，他个人的创业经历中也有过稚嫩时刻，这让他清楚，涉世未深的少年，如果总想方设法变得老成持重，不仅无法站稳脚跟，反而会丢掉应有的锐气。同样，太多创业团队片面追求形式成熟，却迅速落入了"大公司病"的陷阱。这些陷阱包括机构组织繁复、层级叠加、组织僵化、官僚化管理等问题，由此导致员工效率低、磨洋工、内部传递效率低、办公设施用品闲置浪费、文山会海、议而不决、无效文件、报告和会议占用大量资源成本，等等。更可怕的是，"大公司病"造成内部效率降低、管理资源浪费、管理成本畸高、人浮于事等现象，会给企业带来相当大的困扰，但究竟如何克服与治理，一直找不出最有效的答案。

张一鸣给出的答案，就是年轻化。他所说的年轻，更多指向企业文化的内涵，其中最重要的是"坦诚"与"信任"。

早在刚刚创立字节跳动时，张一鸣就提出公司的企业文化是"始终创业"，类似亚马逊的"always day 1"，即永远像公司创业第一天那样思考。而这，离不开坦诚的底色。

张一鸣热爱学习，常借鉴亚马逊、Netflix、苹果等大企业的成功管理经验，此外，管理大师的书籍对张一鸣的影响很大。正是从杰克·韦尔奇的《赢》中，张一鸣认识到"坦诚"在企业文化中的重要性。"缺乏坦诚是商业生活中最卑劣的秘密。"缺乏坦诚不仅指恶意欺诈，更是指不能真实表达自己的想法。坦诚，才能让信息流动真实而不走形，才能降低管理成本。

2018年中，字节跳动对内发布以"追求极致、务实敢为、开放谦逊、坦诚清晰、始终创业"为核心的企业价值观，称作"字节范儿"。食堂的电视、卫生间的漫画，到处都是关于"字节范儿"的宣讲。张一鸣告诉负责者，设计这些内容的初衷，就是尽量简单到能用一句话讲明白，使之成为大家做事的纲领。对"字节范儿"的宣传，本身就要做到"坦诚清晰"。

有时候，坦诚也意味着在工作时不留情面地讨论问题，甚至是在公开场合的挑战和被挑战。如果不能承受类似的心理压力，就无法适应字节跳动的企业文化。

为保证员工从一开始就能习惯，字节跳动不允许有任何称呼上的敬语，类似"×总""×哥""老大""头头"这类称呼，在公司内被禁止使用。字节跳动取消了内部的职级概念，出现在新闻稿上的职位头衔，大都是为出席活动的人临时准备的。张一鸣旗下大将对此非常适应，谢欣就曾公开说："其实公司没有人知道互相是什么头衔，我们觉得这个不重要，知道了反而会耽误事。"

字节跳动AI实验室是非常重要的部门。李航从华为跳槽来到这里担任总监。面对这位资深技术专家,年轻人不自觉地脱口而出"李航老师",其中还有不少人曾经在微软做过他的实习生。李航只好不断纠正,"不要叫我老师",直到大家习惯叫他名字。

在此前的职业生涯中,李航大多担任管理者角色,已经很少编程。但进入字节跳动后,他还是要时常自己动手写程序。张羽是字节跳动副总裁职级,但只要业务需要,即便是普通基层员工也可以随时和他协商,拉他入群,要求他参与协助某个项目。

张一鸣的理由很简单,一旦使用尊称,开口者会不自觉地有"矮人三分"的心理。这样,坦诚的土壤将不复存在。

"坦诚"所改变的不只是称呼习惯,也有工作习惯。

当企业内从上到下每个人都充分坦诚,字节跳动的治理方式,也就能建构在对每个员工的信任与开放态度上。例如,很多在大企业需要被"管控"的员工行为,在这里都是默认开放权限的,员工外出用车、住酒店,并不需要事先审批,只需事后报销。甚至是对外合作项目上,也不需要特别复杂的内部审批流程。张一鸣将此描述为"default open, default trust"(默认开放,默认信任),即对每个同事都做出善意假设,坚信他们的行为值得信赖,在此基础上进行的管理,能带来令人惊讶的执行效率。

刚进入字节跳动时,李航对张一鸣的"default open, default trust"文化法则缺乏直观印象,但随后的几件事让他发现,这句话确实改变了企业文化,提高了执行效率。

某所高校成立人工智能研究院,决定在启动仪式当天找几家互联网企业签订备忘录。当负责人找到李航时,距离活动只有一周,但负责人依然想寻求合作的可能。

根据此前在多家知名企业工作的经验,李航判断,一周之内,字节跳动这样的大企业,很难完成对外合作决策、合作签署流程。更何况,他当时刚入职不久，没有熟悉的同事。但出于责任心，他还是找到字节跳动高校关系负责人。在了解合作内容后，负责人没有逐层汇报和审批，当场拍板决定合作。这让李航惊讶不已。

合作伙伴也同样为"default open, default trust"折服。某视频制作团队想要将视频作品独家签约销售出去。起初他们找到一家互联网巨头，先后见了 4 个人，而第 4 个人告诉他，要做好见第 5 个人的准备。但在和字节跳动谈判时，他们一开始就见到了内容负责人，只花费一上午，就谈好了所有细节。为此，该团队立刻决定与字节跳动长期合作。

"开放"与"信任"的企业文化，带来了快速决策与推进。依靠这种文化，字节跳动不必突出管理流程与制度，也无须将注意力集中在优化和复制上，甚至外人根本看不出这家企业如何"管控"。2017—2019 年间，字节跳动员工数量增长 10 倍以上，但张一鸣并未像传统的企业家那样，对治理模式进行升级和改造，而是继续推行"开放"与"信任"的文化内核。结果，字节跳动不仅没有失控，反而做出了抖音，取得重要的商业进展，开始了"全球扩张"。

字节跳动的创业史如同一部征伐史，从成立至今，张一鸣不断在各个领域发动"闪电战"，神出鬼没，对不同的"敌人"施加攻击。为了不断扩大规模，张一鸣没有时间像传统企业那样搞层级化、制度化的治理方式，这是因为字节跳动没有时间可以耽误，同样也是因为旧经验对"90 后""00 后"员工的参考价值不大。当张一鸣提倡坦诚、开放和信任，预设每个员工都是值得信任和托付的成员时，他对企业治理的效率达到了更高的水平，他的员工也获得了更快成长。

年轻化的公司

从一开始,字节跳动就是属于年轻人的公司。"开放"与"信任"并非只体现在企业治理方式与文化内涵中,也灌注于环境与人的细节中。

早在锦秋家园时期,张一鸣和他的团队就自带"程序猿"特征,表现为不太注意形象与身份,专注于工作本身。那时同楼创业的有36氪团队,张一鸣某天踏进电梯,里面有两个在36氪工作的女生。她俩并不认识张一鸣,谈话间提到了字节跳动:"咱们6楼的那家公司都是××吧,天天穿拖鞋上班。"

回到6楼,张一鸣把这个当笑话告诉了团队,还"大度"地说,也没啥关系,以后还是可以穿拖鞋上班的。他说这话时,同事中就有人直勾勾地盯着他脚上的那双人字拖。

几年之后,字节跳动迅速壮大,成为冉冉升起的独角兽明星,也搬进了新的办公楼。但平等随和、去层级化、注重实质而缺乏仪式感,依然是这家公司员工群体的主流行为模式。

今日头条副总编辑徐龙,曾经分享过他初入这家公司目睹的一件事。当时,有两个女生在办公室午休、吃饭。过了一会儿,张一鸣走了进来,两个女生看了他一眼,并没有跟张一鸣打招呼,有说有笑地继续吃饭。张一鸣坐在那里,自己翻翻手机、看看文章,坐等其他人到点开会。这让见惯了传统企业的徐龙感到有些"小震撼"。但很快，徐龙发现许多场合下，张一鸣都和字节跳动的其他员工没有什么不同。开会时，如果他迟到了，他也只会默默坐到后面，并没有人给他让位置。不久之后，徐龙和所有人一样，自然地称张一鸣为"一鸣同学"。

在徐龙看来的咄咄怪事，是字节跳动在工程师团队文化上不断发展的必然。张一鸣偶尔还会向高管们提出要求，将他们向年轻化方向推动。例如，有段时间，他发现高管们不喜欢用抖音，于是他提出"硬性"要求，规定高管每周必须用一两个小时的抖音，了解本公司的产品。他甚至提出，每个人都应该拍摄抖音作品，点赞数不够还要准备接受"俯卧撑"惩罚。渐渐地，所有高管都爱上了这款新潮的短视频产品，也更了解企业的发展战略方向。

字节跳动的年轻化，更直接来自员工本身的年龄结构、知识水平和行为习惯。互联网大企业中，字节跳动以27岁的员工平均年龄排名"老幺"。这里的员工大多是"85后"和"90后"。其中，"90后"是主力军，因此，非常有活力。这种活力，又会完美地转化为每个人自我加压的动力。

例如，字节跳动并没有手把手式的新员工培训体系。在某些部门，甚至没有培训，也根本就没有同事会注意到"实习生""新员工"或是"老员工"的身份差异。实习第一天，在对数据库完全不了解的情况下，实习生就接手操作一份专题分析，而这会极大地激发其个人潜质。在此过程中，他们不会得到任何指导，也不会有人限制新员工的思路。当他们做出了优秀的分析结果，就立刻会有其他员工给以肯定，同时意味着新员工通过了考验，有获得"字节范儿"的可能。

很多新员工之所以欣赏字节跳动，正是因为这种年轻化的环境，让他们从工作生涯一开始就获得了成就感。独立工作过程中，他们学到的不仅是技能和经验，更收获了宝贵的尊重感。正因如此，字节跳动到处都有优秀人才，他们的共同特征在于愿意为事业拼命，而不适应这里的年轻人，只能主动离开。

Cyan 是字节跳动的前员工，他曾这样写道："这里的人真的很拼命。每天中午我都很困，却睡不着，因为周围的人都在啪啪啪地敲着键盘；早晨起床发现凌晨 1 点 Lark 上莫名地被 @，那种睡醒后的幸福感瞬间全无；每晚加班到 9:20 左右离开，却算是整个组里走得比较早；中午吃饭，实习小伙伴们的话题也都是'你知道哪里开始招聘实习生了吗''你之前在其他互联网公司实习都做什么方向啊'之类的话题……"而 Cyan 的同事则表示，自己之前在百度工作，每天都特别恐慌，害怕工作 3 年后成为螺丝钉，但到了字节跳动后，她无暇恐慌，跟着团队节奏，反而更加心安。

Cyan 的工作业绩不错，但她自认无法长期适应这种"年轻就是要拼命"的节奏，因此尽管收入不菲，她最终主动提出了离职申请。

从个人角度而言，Cyan 做出了正确的选择，但字节跳动的高速运转节奏，正是为了从一开始就淘汰不适应者，让他们离开错误的环境和岗位，获得新的发展。在张一鸣看来，字节跳动无论做到多大，团队永远需要的都是"字节范儿"的年轻感：热血、拼命、透明、坦诚，还有时尚化、接地气、了解同龄客户。

为了保持员工的年轻感，张一鸣和行政团队没有少费心思。张一鸣自己刚满 37 岁，作为中国第一代独生子女，他非常了解今天的年轻人喜欢什么，并以此出发，为他们打造最好的工作环境。

字节跳动的食堂在互联网企业圈内赫赫有名，工作自助餐为每人 150 元的标准，从烤牛排到小龙虾应有尽有，还有五星级标准的下午茶，所有食材来自专门合作的山东有机农场。各个办公区茶水室的零食永远随意自取，行政部门根据预算、办公人数和消耗速度等大数据，运用精密算法，定期为不同办公区选择和配送专门的零食组合。比如，根据数据统计结果，2019年9月，中卫通办公区对卤味零食情有独钟，紫金办公区则喜欢肉类、豆制品和干果品种，中航办公区消耗量最大的是紫菜脆片、夹心海苔之类的。这些消耗特征，都将体现在下个月的选配过程中。

除了吃，字节跳动的物质环境也贴合年轻人的梦想。除了丰厚的薪水之外，健身房、游戏区设施齐全，试用期薪资不打折，入职六险一金，每年7天带薪年假、半年4天无责任带薪病假、搬家假、一周两次按摩、公司自助售卖机半价、定期体检，以及各种节假日福利和生日福利……这直接造就了字节跳动特殊的离职规律：入职一年之内离职率最高，如果没有主动放弃或被淘汰，也就很难离职了。

精神层面，字节跳动同样理解年轻人。在这里，同事关系很简单，上下级之间大多只有分配任务与努力工作的对应责任。如果下级做得好，就会被上级肯定，然后升职加薪。同事之间，通常也只有工作关系，私下没什么交情，更不存在打听家庭情况、婚恋关系之类的"职场八卦"和"办公室政治"。除了工作以外，集体活动最多只是偶尔的团建聚会，内容大都为简单吃饭，既没有口号震天的"洗脑大会"，也没有花样百出的拓展训练，连公司的年会也很低调。

凭借年轻化，字节跳动拥有其他许多公司员工艳羡不已的单纯环境。这里饮食精良、环境自由、制度人性、关系简单，不需要任何勾心斗角、阿谀奉承、拉帮结派、玩弄厚黑。这里只需要所有员工拥有一颗年轻的心、健康的身体、丰沛的热情、强大的学习能力和孜孜不倦的执行意愿，就能不断挑战自我、紧跟团队。

张一鸣深谙，凭借中国互联网最年轻的力量，才能打造出理想的事业王国。这是他的务实，也是他的浪漫。

皮皮虾，健康搞笑生活方式

张一鸣对字节跳动的产品矩阵有着清晰的规划。他从曾经的工作经历起步，从个人和团队最熟悉的地方做起，以信息聚合产品，对流量和用户加以积累，再逐步完善用户账户体系，最后大张旗鼓进入社交网络的互联网流量池。

对此，张一鸣总结说："从公司层面，不要和别人的核心领域去竞争，这样会牵扯你很多的精力，也没有优势。从另一个角度讲，除了竞争外，不做别人做得好的领域，要做另外的领域。"

从熟悉的领域进入战场，是张一鸣打造字节跳动产品矩阵的整体思路，也是"皮皮虾"诞生的源头。但在广大用户看来，这款 App 的出现更具象征意味，它很难不让人联想到大名鼎鼎的内涵段子。

2018 年 4 月 10 日，由于存在低俗内容，广电总局责令今日头条永久关停内涵段子等产品。自此，这款累计获得 2 亿用户，月活跃用户一度达到 2000 万的产品，走向了生命的终点。

面对低俗内容等问题，张一鸣和其领导的字节跳动难辞其咎，瞬间失去如此庞大的用户池，也是他无法接受的。内涵段子的大部分用户已将内涵段子主张的搞笑文化融入了日常生活方式，形成了"段友"群体，成为互联网亚文化圈中不可小视的力量。

不过，张一鸣清楚，内涵段子永久关闭，并不意味着同类产品就不能存在。广电总局之所以责令关停内涵段子，主要是由于其存在"导向不正，格调低俗"等问题，归根结底在于内容，而并非搞笑娱乐导向的社区产品形态。换而言之，算法并没有违法，违法的是被算法推荐出来的结果。

内涵段子被关停后，同类型的竞争产品"百思不得其姐"主动宣布暂停评论3天并进行整改，"响应国家号召，做社会需要的正能量好内容"。很快，"百思不得其姐"就凭借主动态度和原有实力，取代内涵段子站到了 App Store 免费下载榜娱乐类产品的首位。

即便如此，对内涵段子加以净化已无可能，想要夺回原先位置，张一鸣必须从头开始，打造一个新版本的搞笑娱乐社区产品。相关行动随即紧锣密鼓地展开。内涵段子产品研发团队在数月内拿出了新的产品，这就是"皮皮虾"。

当年7月，皮皮虾作为搞笑社区平台，在各大应用市场上线。两天后，皮皮虾在 App Store 免费榜的排名就一路攀升到首位。

上线当天，有"段友"喊出了欢迎口号："段友们，回家了。皮皮出征，浴火重生。"这个口号很快被皮皮虾运营方叫停，字节跳动也公开否认了皮皮虾是对内涵段子的重启，但明眼人一望便知两个 App 产品之间千丝万缕的联系。

从运营方来看，皮皮虾所属公司为西安四季恒通信息科技有限公司，其法人王奉坤一项专利申请的单位是北京字节跳动科技有限公司。从产品功能看，皮皮虾能同步恢复内涵段子的账号和数据。而更多的类似，则只有曾经的"段友"才能从细枝末节中发现端倪。

例如，一只叫作"馒头"的狗，貌不惊人，但神奇地在内涵段子上火爆出名，被称为"镇段神兽"。"馒头""嗷"则是"段友"们频繁使用的暗号。"内涵段子"关闭后，许多"段友"表达了对"馒头"的想念。当皮皮虾正式上线后，其首页推荐的显著位置上，就是用户们熟悉的"馒头"。许多"段友"因此找回曾经的记忆，纷纷留言称"这是回家看到的第一个视频"。

在皮皮虾上，内涵段子风格的视频还有不少。这些视频大都直接从字节跳动旗下的抖音、火山小视频搬运过来。字节跳动以产品矩阵坐拥的巨大流量、海量内容，加上原内涵段子沉淀的社区文化，给了段友们回家的动力。

张一鸣也利用了字节跳动旗下的流量大户为皮皮虾导流，在今日头条和抖音上，随处都能看到皮皮虾的宣传内容。此时，这两大平台的全球月活跃用户数综合达到7亿，加上产品调性与用户属性的接近，导流效果立竿见影。这一切，即便无法让皮皮虾达到内涵段子的巅峰时期，也足以让其重返该领域的王者地位。

但无论发展如何迅猛，皮皮虾都不会重蹈覆辙。

内涵段子被关停后，张一鸣痛定思痛，再未表露过任何"算法没有价值观"的观点。在皮皮虾这个新平台上，他对价值观重要性的思考，通过引导措施得以充分体现。

上线不久后，在皮皮虾App的推荐首页，置顶显示了一份《皮皮虾社区自律公约》，引导用户"坚持和弘扬正确的价值观"，号召"传递正能量"。同时，针对不少用户利用皮皮虾同步内涵段子数据的行为，皮皮虾还取消了新增用户头条系账号同步信息的功能，清理了皮皮虾与内涵段子的数据关联，封禁了91018个违规账号。

2018年9月初，今日头条副总编辑王强兼任皮皮虾社区总编辑，建立总编辑负责制，由总编辑负责社区的内容导向和内容安全。王强走马上任后，立即在内容上加强人工标注、加热正能量内容，在推荐机制上运用强插推荐方式，确保站内正能量内容充盈。在皮皮虾平台的内容信息流中，用户每刷几条，就能看到一条标签为"正能量"的视频内容。

与此同时，王强还逐步引入多元化内容，包括技能、爱好、百科、歌曲、才艺、影视等。为确保内容安全，皮皮虾还进一步扩充了审核人力，审核团队增长到 300 余人。

经过大刀阔斧的变革，皮皮虾终于摆脱了内涵段子的阴霾，成为崭新的娱乐社区。皮皮虾社区形成了"真善美"的主旋律氛围，追求真实、善良和朴素的美好。其中生活领域创作者"小邓收废旧"，是广西南宁的一位小镇青年，在当地经营一家修理厂和废品收购站，他用平实的镜头记录下生活中有趣的见闻。工作之余，他还坚持学习画画、音乐，当他收购到旧的尤克里里时，还会专门为粉丝们弹奏一段。这种在平凡工作与生活中自然流露的阳光心态，感染了许多用户，使他们对皮皮虾产生了强烈的归属感。

2019 年 11 月 16 日，今日头条生机大会皮皮虾主题论坛在京举办，成为这个产品上线一年多后的首次官方对外亮相。论坛上，皮皮虾团队总结了产品特色，并发布了最新创作者扶持和激励计划，包括百亿流量、8000 万现金和培养 5000 个"万粉"作者等多种方式。在大会上，皮皮虾负责人说道："快乐，是皮皮虾产品的初心。让更多年轻人在这里分享健康的快乐，则是皮皮虾的长期使命。"

从内涵段子到皮皮虾，所有人都看到了字节跳动的变化，看到了张一鸣的成熟。而这，只是他构建新型产品矩阵的第一步。

懂车帝，专业汽车资讯提供者

相比后来在电商与社交赛道上遭遇的重重阻力，张一鸣率领字节跳动在垂直兴趣社区的探索，显得顺利许多。其中最值得人们寄予厚望的，当属"懂车帝"。

懂车帝于 2017 年 8 月正式上线。这款汽车资讯 App，集结了今日头条内部所有关于汽车的资讯、问答、视频、产品库，同时还接入了独立汽车导购体系。懂车帝的诞生，令平静许久的汽车资讯市场再起波澜。

从 PC 互联网时代开始，用户获取汽车资讯内容的渠道经历了多轮变化。最早，用户使用各类门户网站汽车频道；随后，诸如汽车之家、易车网、爱卡汽车等垂直汽车门户异军突起，初成气候；移动互联网浪潮出现后，自媒体又很快成为汽车资讯内容的主干力量。

汽车资讯内容，天然与高消费距离更近，也距离广告费更近。今日头条成名之后，汽车始终是其排名前列的频道，受众十分广泛，而各大汽车厂商也是今日头条重要的广告客户。当汽车之家、易车网的商业模式越来越成熟，张一鸣将这个频道拆解为独立 App，自然是箭在弦上的选择。

张一鸣曾执掌过专业房产资讯互联网企业，规划"传统垂直行业+ 移动互联网"的战略蓝图，显得驾轻就熟。懂车帝集合了资讯、视频、问答、导购、车型资料库等板块,其中包括了推荐、大咖说车、视频、新车、SUV、导购、提车作业、用车、试驾评测、香车美女、自驾、问答等十多个单独的频道。这些频道提供精准而丰富的资讯内容,使导购链条的走向更为明确。用户们时常发现,一篇客观的叙述文章页面底部,往往会推荐相对应的几款车型,这使得需求与内容对接非常紧密,也更容易推动消费行为。

正因如此,"懂车帝"也提供大量与汽车消费行为相关的服务,包括优惠保养、特价洗车、二手车等内容。这些服务由第三方公司提供,用户首次点选一项服务,系统就会弹出提示,"本服务由××提供,相关服务和责任由第三方承担,如有疑问,请咨询××客服"。这种模式从资讯内容切入,再为第三方导流,收取一定分成,成为今日头条广告业务发展出的另一种模式。相比头条,懂车帝有一套完整自主的汽车产品库,对应链接销售商和服务商的体系配置完备,其商业模式与服务项目,和不同的汽车门户网站如出一辙。

在内容供给端,懂车帝没有忘记字节跳动个性化推荐的优势。平台上的"懂车号"被定义为汽车内容搜索引擎,是协同制作的汽车内容服务平台,其联结的5个端口,覆盖字节跳动旗下不同服务功能的平台,包括今日头条、西瓜视频、抖音、火山小视频以及懂车帝本身。创作者在"懂车号"上发布的内容,会通过智能算法,分发至各个端口。通过内部渠道实现多个App之间信息互通,最大限度上对潜在客户进行发掘,为优质内容带去巨额流量。尤其是短视频内容,几乎让懂车帝成为"汽车版的抖音"。用户上传的短视频不仅能在懂车帝平台上展示,也能在整个今日头条的短视频架构里流转,为字节跳动系的产品不断带来汽车垂直领域的新内容。

为了孵化更好的内容,懂车帝冠名北京金港汽车公园,并自建越野评测场地,免费开放给签约创作者,为专业优质的测评内容提供场地支持；推出"帝造学院"，从软件层面帮助内容创作者提升内容生产技术；签约明星评测官，发布懂车帝全新汽车评测体系，产出能满足用户需求的汽车评测内容。

此外，懂车帝还频繁进行"轰趴嘉年华"之类的线下聚会，包括刺激的卡丁车团体比赛、改装现场秀，也有交友搭讪的社交玩法。这些都为核心用户提供了优质的社交场所，让社交链从线上延伸到线下，不断产生大量的用户响应。

到 2018 年 11 月，懂车帝推出一年后，日活跃用户从 0 增长至 400 万，累积用户 7500 万人，其中年轻化用户占比高达 74%。虽然距离垂直领域第一名"汽车之家"尚有距离，但懂车帝已稳坐亚军位置。

随着自身发展和客户群体的年轻化，直播也成为懂车帝悄然探索的新内容形式。2019 年的"帝造计划 3.0"中，懂车帝开始尝试布局汽车直播帝国，将互动直播与图文、长视频、短视频一起，纳入多元化内容的范畴。

2020 年初，突如其来的大环境变化，加速了懂车帝直播模式的落地。

这一年的开局，各地汽车经销商如遭噩梦。除了因疫情防控不能开工而导致成本损失，还有积压库存车的利息支出，如何生存下去，成了巨大的挑战。为此，懂车帝与中国汽车流通协会发起了经销商主播挑战赛，以流量、培训、奖励等方式帮助经销商在线直播。

魏爽是武汉市上汽名爵品牌 4S 店总经理，在懂车帝 App 上，他的账号是"麻瓜说车"。2 月 1 日，他带着重重压力，走进了直播间。从最开始的紧张与无奈，到邀请已经积累的老客户前来观看，直播间的气氛逐渐变得热闹起来。从一小时吸粉 5 个到 9 个，再到 140 个，魏爽的自信心越来越强。在农历二月二"龙抬头"当天，他打造了一场"199 元定金抵 2000 元"的直播预售活动。活动当天，武汉当地就有 9 个客户交了 1000~2000 元不等的定金来订车，还有 15 个有意向的客户。这样的成绩，让魏爽真切地感受到懂车帝的力量，他身边很多同事也被带动起来尝试直播，厂商则给予他很多支持与认可。

这样的成功营销案例，在疫情期间并非个例，懂车帝作为推动汽车直播营销的先发平台，从中分享到了荣誉、信任和流量。

懂车帝的顺利成长，揭示了字节跳动产品矩阵的内在逻辑：如果一项业务在内部孵化得足够成熟，模式探索得足够清晰，就会将其进行品牌化运营。执行该逻辑，确实能发挥字节跳动手中巨大流量的优势，但并不见得总会顺利成功。尤其是细分到各个垂直市场时，会由于行业整体环境和竞争对手的不同，使产品表现出的业绩形态变得难以预测，其中既可能出现抖音式的厚积薄发，也可能出现飞聊式的高开低走，同样也会出现懂车帝式的逐步成长。

张一鸣并不追求全矩阵的成功，他当然知道，那既不现实也无必要。他只想从孵化的各个产品中精挑细选，找到新的潜力品牌，然后加以大力扶持。从这个角度看，懂车帝实际上只是垂直细分市场产品系列的开始，随着字节跳动版图的稳固与扩大，股票、房产、电影、游戏、小说、彩票等主题内容，都有可能在未来参照懂车帝的模式，进行独立发展。如果成功，很可能就是新的懂车帝，甚至是新的抖音；如果发展不佳，对字节跳动整体而言也没有太大损失，最起码，它们将能对"字节系"现有的内容体系进行有效补充与完善。

第五章
All in 短视频

1895 年,卢米埃尔兄弟开始在巴黎招徕观众,集体观看大荧幕上的《水浇园丁》。他们的灵感,来自爱迪生此前发明的"电影视镜"。那台机器体形庞大,每次只允许一位观众窥探镜头,观看由专业演员参与拍摄的短视频胶片。最终,卢米埃尔登顶时代的领奖台,成为现代电影院和规模化放映的鼻祖。

爱迪生和卢米埃尔兄弟,做梦都没想到,100 多年后,动态视频影像产业的原理,重新走回"电影视镜"时代。这一次,爱迪生大获全胜,新的产品甚至要被加上防沉迷系统来应用于客户。

在中国,张一鸣和字节跳动主导了短视频梦想的复兴。

抖音诞生

2016年9月,今日头条的"App流水线"上,诞生了一款短视频平台产品。最初,它被命名为"A.ME",意思是"崇拜我"。不久之后,开发者们感到这个名字太过洋气和小众,不利于在国内的初期推广,给客户的印象也并不直观。经过大量的用户问卷和调研后,"抖音"成了它的新名字。

抖音名字的亮点在"抖"。在青少年潮流人群中,流行音乐总是以强劲的节拍、明快的旋律,使人第一时间产生抖动身体的冲动,沉浸到乐感氛围中。"抖音"这一名字,形象地展示出该短视频App以音乐为主的特性。当用户第一眼看到这个名字时,直觉告诉他们,这是能边抖边玩、拍短视频的软件。因此,这个名字也得到了张一鸣的首肯。

让张一鸣关注的还有logo。今天,人人都知道抖音的logo是正在"抖动"的五线谱音符,音乐符号的边缘分别以红蓝原色作为主要色调,与主音符交错叠加,给人以音符在颤抖的视觉冲击。

这个logo的设计者,是一位1992年出生的年轻人,他当时属于今日头条的用户体验设计团队。他从摇滚音乐现场中找到灵感,确定围绕音符主体打造明暗对比的震撼效果。在设计出音符形象后,他让音符受到"电波"干扰,形成一段短视频,视频里,被干扰的音符不停跳跃抖动，伴随着图案撕裂。随后，他又将这段视频导出成序列帧，再从中选出最合适的一帧，经过不断地调整与修改，最终形成了标识现在的样子。

抖音的 logo 整体设计新颖，表现力强，造型设计动感十足，具有极强的识别性，与"抖音"的名称组合，更容易让人联想到产品特点并牢固记忆。带着独特的名称与 logo，抖音正式诞生了。

抖音的产品逻辑与运营，采取了和今日头条如出一脉的模式。创作者在这个平台上发布短视频和直播，由大数据算法智能推荐引擎，推送到感兴趣的用户手机上。用户利用点赞、评论、观看等行为，不断强化个人兴趣标签，同时回馈给创作者新的创作思路。这样，围绕视频内容，就能形成生产者与消费者的紧密连接。

张一鸣凭借字节跳动的强大推荐技术，将算法推荐模型扩大到短视频平台上，确保了视频的分发效率和去中心化。在抖音，只要内容质量足够优秀，每个人都能够被展示在推荐列表中，进而获得更多关注。那些明星、网红和大 IP，在这个平台上并非天然就能获得更多的关注度，甚至无法超过那些持续生产优秀内容的普通用户。而即便用户某段视频被不断分发，获得数十万点赞，但他的下一个作品，也并不一定就会得到相同反响。由于有算法的公平保证，抖音可以迸发出让用户不断创造的最大动力，使平台本身获得强劲发展。

在设计过程中，抖音产品突出了诸多亮点功能。例如，用户能够以视频拍摄的快慢、特效、滤镜、场景切换等技术，使视频根据原创特性，用手机打造出大片感。尤其是配乐搭配上，用户能够根据视频节奏特点，从电音、二次元、古风、舞曲、流行曲等多种风格内，选择最适合表演与剪辑的素材，从而使拍摄过程更具针对性。由音乐主导的不同拍摄节奏，有效降低了内容的同质化，使大多数作品有更强的节奏感和代入感，让用户体验更为酷炫。又如，抖音还大大简化了从受众到创作者的转变过程，普通用户可以点击热门视频右下角音乐或相关话题，直接从观看页面进入创作程序，简化了拍摄流程，并成倍提升原视频热度。

但是，这些功能并没有让抖音迅速火起来。从2016年9月到2017年3月份之前，抖音的百度搜索指数始终为0，更别说进入短视频平台前列。

此时，短视频竞争态势和今日头条在信息领域的竞争全然不同。小咖秀、快手和美拍，是移动端短视频领域的明星产品，抖音仅凭亮点功能和草根用户，根本无法撼动他们，更别说走向巅峰。面对现实，张一鸣和团队承认，想在已被拓展的红海市场中杀出重围，抖音的发力离不开明星效应。

2017年3月中旬，抖音终于找到最适合的明星，开始了蹿红历程。这个明星就是岳云鹏。

岳云鹏，1985年出生于河南一个普通农村家庭。他早年辍学，在工厂做过门卫，学过电焊，在饭馆刷过碗，在海碗居当过服务员。直到2004年，他在海碗居碰到了去吃饭的郭德纲，随后拜师学艺，投身相声界，第二年就登台演出了。到2015年时，他已经两次登上央视春晚舞台，并参演喜剧电影，凭一首《五环之歌》火遍大江南北。

作为新生代相声演员，岳云鹏堪称娱乐圈内"不靠颜值靠实力"的男明星。他出身平凡、经历坎坷，却凭借天赋与努力，实现了阶层跨越，成为当红大腕。即便如此，他依然保持低调本色，勇于自嘲，也从不在意别人拿他的相貌、外形开玩笑。在微博上，他和高晓松堪称"双璧"，喜欢在深夜里发布自己的"美照"，让无数网友高呼"辣眼睛"。

岳云鹏的"人设"，显然与抖音强调的欢乐、平民、即兴、时尚等产品特性不谋而合。

2017年3月13日，岳云鹏在微博上转发了其模仿者的表演视频，视频时长很短，相似度却很高。岳云鹏说："这是我见过最像的，这位大哥还是大嫂？请你联系我好吗？"

很快，微博底下出现了上万条评论，几乎全部都在调侃。有人说："这难道不就是你？"也有人说："不要用你自己的视频忽悠我！"而几乎所有用户都注意到，视频底部有个正在闪闪发亮抖动着的音符，那正是抖音的 logo。

3月14日，抖音的百度搜索指数猛蹿上涨，从0直奔2000。两天后，多家网站娱乐版面出现相关新闻，抖音的搜索热度也成倍翻升。坊间甚至传言，岳云鹏就是抖音的"幕后老板"。

岳云鹏和抖音的故事，在那时看来似乎只是八卦新闻。后来人们才知道，这是一款国民级手机应用诞生历程的起点。

全民参与推广之路

岳云鹏是抖音用以引流的第一个明星，但并不是最后一个。趁着热度迅速上涨，抖音团队请来胡彦斌等，在平台上发起音乐视频挑战活动和新专辑发布会。随后又有鹿晗、李易峰加入，宣传自己的新歌和新电影。杜海涛、杨迪、周笔畅、钟丽缇等明星入驻，以及其他外部成名网红，都让抖音吸引了更多人的目光。

2018年春节期间，抖音邀请包括何炅、王嘉尔、邓伦、周冬雨、关晓彤、黄晓明、Angelababy、杨洋、陈赫、李宇春、迪丽热巴在内的十几位明星推出"整点送祝福、发红包"的活动，借助粉丝效应，进一步推动用户数量的攀升。

除了明星效应外，抖音还擅长利用微博大V的转发，迅速提升视频内容传播力度。"微博搞笑排行榜""回忆专用小马甲""Vista看天下"等粉丝规模上千万的微博号，都被抖音选中，在微博上转发爆款视频，配合营销活动。

但是，这些都并非抖音选择的主攻营销方向。

借助岳云鹏的明星效应，走过前期冷启动阶段之后，抖音开始展露其潜力。坚定的张一鸣并没有因为"小岳岳"带来的成功而放弃最初的选择，也没有回归到草根之路上，他为抖音重新规划了介于明星和草根之间的主要传播方向，即KOL之路。

关键意见领袖（key opinion leader，简称 KOL）是营销学上的概念，通常指拥有更多、更准确的产品信息，且为相关群体所接受或信任，并对该群体的购买行为有较大影响力的人。在互联网传播时代，他们与经过资本美化、高高在上的明星不同，他们具备更广的信息来源、更强的社交能力和人际沟通技巧，并且积极参加各类活动，善于结交朋友，喜欢高谈阔论。他们观念开放，接受新事物快，关心时尚等流行趋势的变化，愿意优先使用新产品，因此是引爆新传媒的"盗火者"。

从哪里能找到抖音专属的 KOL 呢？张一鸣将目光投向了热门综艺节目。

此时，中国的综艺节目正努力摆脱曾经的泛明星化趋势。2017 年，国家广电总局着手调控，要求影视明星参与综艺娱乐、真人秀节目，应严格控制播出量和播出时间，鼓励制作"星素结合"的综艺娱乐和真人秀节目，黄金时段将不再播出引进境外模式的节目。[1] 这意味着电视荧幕上将出现大量普通人的身影，其中就包括许多娱乐业、文艺界的 KOL 精英。正是借助这股东风，这些 KOL 搭上了推广抖音的最好时机。

2017 年 6 月到 2018 年 1 月，抖音连续赞助了《中国有嘻哈》《明星大侦探第三季》《歌手 2018》三款知名综艺节目。赞助《中国有嘻哈》期间，抖音还推出"中国有嘻哈 battle 赛"挑战活动，凭借节目热度获取了大批用户。

艾瑞咨询的专业研究报告显示，抖音赞助的三款节目，观众群体多为女性，主要分布在一二线城市，且学历大多是本科及研究生以上，与抖音的目标用户高度契合。

---

[1] 陈宏. 电视综艺节目"去明星化"将成常态 [N]. 青年报, 2017-10-12.

对这三款热门综艺的连续赞助，抖音的品牌影响力在目标用户群体中极大地增强了。

但张一鸣觉得这些还不够，他希望抖音的目标用户群体进一步扩大，推广渠道也要从明星、KOL，进一步下沉到"娱乐达人"。

早在2016年9月抖音刚上线时，字节跳动就从国内各大艺术院校和其他成熟短视频平台挖来一批音乐、舞蹈达人，与之签约，组织其深度参与内容的运营。因此，把控娱乐达人，是抖音自诞生以来就有的基因。但张一鸣很快发现了其中的问题，泱泱大国中，孩子能上得起艺术院校的家庭，生活水平至少在小康之上。而这个问题也导致抖音早期的主要内容，总是有着挥之不去的"炫富"感。张一鸣清楚，如果抖音变成阳春白雪，想要再加以改变就会困难许多。

为此，从2017年下半年开始，抖音着手下沉之路，开始进一步与社会娱乐达人完成经纪签约，他们在抖音上的商业化运作将完全交给抖音来完成。当时就有分析指出，抖音已经具备了大型MCN平台[1]的实质。

引入达人的同时，也需要挖掘达人，考虑到抖音初期主要用户，最好的挖掘阵地则是国内普通高校学生群体。2017年9月18日，抖音和头条音乐联合举办"校园新唱将"活动，活动每期设置不同的挑战主题，邀请两组明星，分为不同战队，大学生用户可以选择加入其中任意明星战队，拍摄演唱视频参与。活动一经上线，就点燃了用户的参与热情，10余万支参赛视频，总播放数接近两亿次，微博话题阅读量也超过了1200万。

---

[1] MCN模式源于国外成熟的网红经济运作，其本质是一个多频道网络的产品形态，将PGC（专业内容生产）内容联合起来，在资本的有力支持下，保障内容的持续输出，从而最终实现商业的稳定变现。

受此激励，抖音开始进一步打造新活动。2018年3月，抖音"高校街舞争霸赛"正式开始，3个多月的激烈比拼中，从全国各大高校海选到区域赛，再到全国总决赛，参赛人数从上万人角逐，直到决赛24强争霸，再到6月10日国家体育馆的"冠军之夜"。每一次的街舞争霸，都让评委与观众热血澎湃，同时也让抖音更加贴近校园群体，融入校园文化。

随着立体推广活动的步步深入，抖音振翅高飞的气候已到。

2017年7月，抖音的安装量是2086万，日活跃用户173万。此时，身为短视频行业霸主的快手，看起来遥遥领先，其安装量超过5亿，日均活跃用户数始终稳定在5000万以上。

然而，仅仅一年半后，到2018年底，抖音国内日活跃用户数超过2.5亿，月活跃用户数超过5亿！此时，再也没有人提"北快手南抖音"，恰恰相反，张一鸣和字节跳动，已毫无疑问地凭借抖音，登上短视频领域的宝座。

规模的增长，并不能让张一鸣完全满意。在超越快手的过程中，他为抖音制定了新的目标，很快，抖音在世人眼中的能量，将超越一个跳动的音符，变成真正的短视频商业化平台。

赋能与被赋能

从 2017 年到 2018 年，凭借抖音平台，无论是明星、KOL、达人，还是草根，都找到了新的表演舞台。各种魔性的神曲、搞笑的日常、好看的"小哥哥""小姐姐"层出不穷。

但如果只有音乐、舞蹈和搞笑内容，抖音注定无法摆脱前人的影子。这一点，张一鸣早在 2017 年初的今日头条创作大会上就指明了方向，那时，他用福建口音的普通话，向台下芸芸创业者承诺："短视频，是内容创业的下一个风口。"他所说的内容创业，当然绝非只有"海草舞"和帅哥美女。

张一鸣对抖音内容创业的重视，同样体现在他的身体力行上。2018 年 5 月 2 日，在字节跳动举行的 iDOU 夜的抖音嘉年华上，他亲自亮相为抖音站台。虽然他儒雅的形象和身后 300 多名网红们的气质迥异，但人人都看得出来，张一鸣对抖音的未来抱有很大的期许。短视频终究只是抖音的形式，更大的价值在于商业能量。

张一鸣的这份野心，自有其来历。

作为曾经的短视频霸主，快手选择的是纯草根路线，但也因此经常被诟病"内容低俗"。有评论说："中国××千千万，快手占了九成半。"这句话的广为流传，反映了主流价值观对快手视频内容的态度。

相对于吞灯泡、绑鞭炮、喝大酒等纯粹靠猎奇内容来吸引粉丝的套路，抖音的调性无疑要精致许多。真正的内容创作者想要在抖音生产和传播一条视频，必须经过剧本创作、情节编排、反复演练、最终拍摄和幕后剪辑等一系列处理，这与微信朋友圈类似的随手拍相比，要多付出不少成本，但同时也使内容更为精良、迎合的受众群体更为广泛。抖音产品负责人在接受媒体采访时说道："从产品层面来看，我们认为抖音是更普世的，希望大家能够在抖音上注意到不同年龄、地域和性别的人。"

为了让平台更为普世，抖音从未公开过其推送规则，这种"黑箱"却带来了显著的公平。绝大多数内容生产者想要成为抖音红人，只能一步步搜集各种细节，从其中寻找端倪，以便让内容发布之后进到精选，再进入首页流量池。即便能进入精选和首页流量池，也并不一定就能"红"，许多"素人"发布的上一条视频有几十万个赞，但下一条视频很可能只有几百个赞。对他们来说，每一条视频都是新的开始。

在某种程度上看，抖音很好地秉承了字节跳动发展早期的"去中心化"结构理念。利用规则的设计和运作，张一鸣再一次在短视频领域打破了阶层壁垒。在这里，每个人都有可能成为明星，与花钱就能买来大V推送、花钱就可以上热搜的某些内容平台相比，抖音无疑公平许多，也带给草根创业者更多希望。

不仅有希望，抖音更向创业者提供实际利益，这体现在签约与扶持范围的进一步下沉。2018年上半年，抖音官方悄然签约了2000名左右的"素人"，几乎完全覆盖旅游、美食、体育等各个细分领域。这些官方签约的"新人"与之前的明星、KOL、艺人们一起，正逐渐垄断抖音的头部流量。

抖音对这些签约"素人"的扶持力度很大，将之作为"去中心化"推荐机制外的另一条主要内容渠道。抖音官方将"素人"分为低级和高级两个档，前者每月至少有 2000 元补贴，后者至少 3000 元。在字节跳动，一个 20 多人的运营团队掌握着这 2000 余人的达人大军，其产出的内容常会被收入"精选"。

到 2018 年，抖音的运营模式伴随着张一鸣的野心，越发成熟。平台整体更显示出其对正规创业者的友好，那些名不见经传的"素人"会在抖音获得机会，但他们必须真正投入于内容生产，追求产品的调性和质量，而非试图靠两个段子视频碰运气当网红。

向"素人"赋能，获益的并非只有内容创作者，抖音也会因此获得全社会的反向赋能。

2018 年 10 月 1 日，共青团中央正式入驻抖音，粉丝数量很快超过 500 万。在此之前，曾登文批评抖音的《人民日报》也进驻该平台，粉丝数量一路高歌猛进，达到 2500 万。与之类似的还有 1000 多家主流媒体，截至 2018 年 12 月，这些媒体在抖音发布了超过 15.2 万个短视频，累计获赞超过 26 亿，其中位列前五位的除了《人民日报》之外，还包括《CCTV 国家记忆》节目、人民网、新华社"现场云"等。这些主流媒体的入驻，固然是对抖音推荐分发机制和强大流量支撑的认同，同时也加持了短视频内容传播的平台价值，让抖音的影响力不仅"处江湖之远"，也能"居庙堂之高"。

与主流媒体号相比，企业营销号反哺抖音的不仅有影响能量，更有商业能量。由于抖音用户男女比例持平，内容趋向娱乐化，而年轻化早已成为各大企业品牌营销绕不开的必修课，因此，众多与生活方式（包括服装、食品、住房、交通等）相关的企业，最早选择在抖音上开展营销。

2017 年 9 月，抖音与 Airbnb、哈尔滨啤酒和雪佛兰合作推出三支品牌视频广告，开始了初步商业化探索。随后，抖音开启直播功能，使得直播网红可以直接获得打赏，内容达人也开始第一次享受到抖音平台的流量红利。

2017年10月23日，必胜客在黑比萨上线之际，联手抖音上线了一个挑战主题："DOU出黑，才够WOW"，并邀请知名音乐人宋秉洋制作挑战赛主题曲《Black Magic》。抖音人气达人如"小土豆""小安妮大太阳"等，率先使用《Black Magic》进行视频录制，收获了超过百万的播放量。

必胜客抖音营销在前，海底捞也不甘落后。"鸡蛋虾滑油面筋"的吃法，让抖音用户为之流口水。而后陆续出现的"番茄牛肉饭""最好吃的蘸料"等海底捞网红吃法，更是刷爆了抖音。甚至有人为了体验抖音吃法，甘愿去海底捞排队候座。

奶茶知名品牌"答案茶"，其品牌成长路径则完全与抖音捆绑在一起。2018年1月，会"占卜"的答案奶茶，成为一条短视频的主角，随后在抖音上大为流行，该视频收获了883万的播放量，获赞24万，不少抖友都喊话要加盟。此时，"答案茶"联合创始团队还根本没有运营实体店，在看到抖音上的火爆人气后，他们迅速投资开店，如今"答案茶"品牌已有200余家加盟店。

"答案茶"的火爆刺激了同行。不久后，在抖音平台上，介绍COCO奶茶隐藏配方的一则短视频获得了20多万点赞量。COCO迅速做出回应，将该款产品作为新增单品，设置在外卖点单目录上，而当许多网友慕名前去线下门店时，服务员也会询问是否需要抖音同款。

此外，携程旅游、海尔兄弟、OPPO手机、三只松鼠、绝地求生等诸多品牌，也纷纷进驻抖音，将"记录美好生活"的短视频，用于品牌符号记忆，激发用户口碑效应。在这种双赢的合作中，抖音成就了企业的营销，企业也同样放大了抖音的商业平台效应。

在此基础上，抖音进一步自我赋能，积极进行商业化运作。2018年5月，抖音在达人主页内，正式上线了自有店铺入口，用户可以进入达人的个人店铺进行购物。6月，第一批100个内测账号入驻后，内测范围不断扩大，有超过6万的明星达人和企业蓝V账号先后开通该功能。

试水宣告成功后，当年的12月，抖音开放申请购物车功能，只要在平台上发布视频大于10个且达到8000以上粉丝的实名认证账号，即可自助申请该功能。为丰富购物车玩法，抖音还推出官方话题、达人超级话题定制、抖音直播、抖音万物节等购物车玩法。

随着不断的赋能与被赋能，抖音在商业坦途上驰骋而去。2019年，抖音营收为500亿元，其中广告占200亿元以上，直播占200亿元以上，游戏和电商导流占100亿元左右，俨然成为字节跳动旗下"另一只会下金蛋的母鸡"。张一鸣的短视频平台之梦，由此越发清晰可辨。

与微视的战争

若干年前，在中国，创业者向风险投资经理讲述自己公司的故事时，都会被问到一个经典的问题："如果百度或腾讯也做这个事情，你怎么办？"当然，创业者现场给出的答案是否符合对方胃口，并非最重要的，想好自己如何应对，才是关键。

从诞生之日开始，抖音注定不凡而艰难。在其诞生之初，它就频繁被拿来和微博投资的小咖秀做对比。从当时的产品形态来看，小咖秀是对口型拍视频，而抖音还只是对音乐做视频；从功能本质上看，都具备工具属性；而从热度上看，2015年就开始红起来的小咖秀，也曾成为 App Store 中国区免费榜第一名。

很快，这样的对比变得没有意义，质疑声音也逐渐式微。抖音用了一年多的时间，就将小咖秀甩在了身后，并随之超越快手，成为短视频平台的第一名。

赢得成长之战的关键，除了由上而下的用户扩张战略，就是金钱资本的投入。

张一鸣在抖音上的大胆投入，令许多观察者吃惊，也让竞争者咂舌。仅2018年各家卫视的跨年春节晚会，他就投入了过亿的营销资金，加上网红签约费用、达人收益分成和正常运营成本等资金需求，这一年字节跳动向抖音投入了20亿元预算。如此不计成本的打法，加上从一二线城市向三四线城市、从明星到"素人"的扩张路径，令抖音从重重竞争中杀出包围。

而站在包围圈之外的，则是腾讯这样的巨人。张一鸣终究要面对那个经典的关于投资人的问题。

2018年春季期间，抖音异军突起，日活跃用户数迅速增长3000万。几乎与此同时，腾讯也开始为微视的重启做预热。4月2日，微视宣布进行2018年首次重大更新。6月，当腾讯用户打开最新版的手机QQ，发现了这样的欢迎页"开启小视频时代"。在QQ会话列表中，也平添了一个名为"微视"的账号，QQ各个主要页面，从消息页的下拉界面到动态页，再到好友动态和QQ空间，也突然多了新的"微视"入口。

所有这些，都意味着腾讯将入局短视频战争，而对手明白无误地指向张一鸣的抖音。腾讯试图像以前所擅长的那样，借助QQ强大的用户群和社交关系链，将微视进行内容的生产和分发，上演翻盘好戏，赢得绝地反击。

战争的紧张感，让张一鸣和马化腾两大巨头都坐不住了。

2018年5月8日，网络上流传出朋友圈截图，截图显示，5月7日晚间，张一鸣在朋友圈发文庆祝抖音海外版在苹果商店取得全球下载第一的好成绩，在该条朋友圈下，他毫不客气地说："微信借口封杀、微视的抄袭搬运，挡不住抖音的步伐。"

马化腾随后回复："可以理解为诽谤。"

张一鸣回复："前者不适合讨论了，后者一直在公证，我没想口水战，刚刚没忍住发了个牢骚，被我们PR批评了。材料我单独发给你。"

马化腾说："要公证你们的太多了。"随后又就微信封杀抖音回复说："平台一视同仁，你过敏了。"

腾讯官方很快承认了该截图的真实性，并毫无疑问地否认了抄袭问题。张一鸣大约接受了公司内部的建议，保持沉默。

随后，腾讯调动了集团内几乎所有资源支持微视。一方面，腾讯渠道停止接受今日头条的流量购买，另一方面，QQ、QQ浏览器、

QQ看点、腾讯视频、腾讯新闻等，全渠道出动为微视导流。即便同样作为腾讯战略级产品的天天快报，也没有获得类似级别的支持。

与此同时，业界传出一份《微视短视频项目说明书》，其内容显示，腾讯总体拿出30亿元用于补贴微视这一"战略级产品"，补贴分为三个等级，对象是有一定创作表演能力的达人、高颜值美女帅哥、萌娃萌宠、有特别技能的用户，等等。

腾讯的战术收到了短暂效果，微视一度在App Store免费下载榜上登顶。但随后，微视的问题开始显现。与抖音相比，微视平台上的产品内容更像其他平台的翻版，缺乏应有的风格，而精品则很多又照搬抖音，导致作品不仅点赞、评论数量少于抖音，质量也欠缺应有的热度。

即便如此，腾讯也不得不打响这场战争。抖音作为头条系的先锋部队，已经威胁到了腾讯的核心与根基。当智能手机用户的总使用时间被各种软件占据得所剩无几时，那么，任何能够抢走用户时间的软件，都是腾讯眼中的敌人，抖音显然是其中最大的一个。

早在与抖音开战之前，腾讯和字节跳动的"战争"就已经打响。前者在2015年推出的天天快报，没有成功阻挡今日头条的崛起。图文信息流领域的竞争，腾讯没有占到任何便宜。这让腾讯的高层产生了焦虑感，因为，他们迎来了张一鸣这个史上最有实力的挑战者。抖音叩响的"战鼓声"，直接威胁到腾讯引以为豪的产品与联盟能力，如果微视不能扳回一局，字节跳动随后还会将"战火"燃烧到社交领域，那正是腾讯宝贵的流量腹地。

微视的后力不足问题，逐渐开始出现。从2018年复活微视开始，这个产品的运营策略始终对标抖音，包括日活跃用户、月活跃用户、留存用户、用户使用时长等。微视的每个员工虽然都被要求去研究抖音的运营方法，尽量多地了解其具体情况，但并非强制要求，更没有建立起针对抖音的成熟情报网络。导致的结果是，微视暴露出算法推送不准、内容供给量过少的深层次问题，内部组织架构和业务的复杂性，也让微视总有难以发力的感觉，无从放开手脚向外搜寻优质的达人内容。2019年7月31日的调查结果显示，快手与抖音的留存都在80%上下，微视仅有43%。微视的PV（页面访问量）、用户使用时长均在抖音1/4的量级。

腾讯意识到了问题。2018年9月30日，腾讯进行第三次架构调整，微视被调整到平台与内容事业群（PCG）中，凸显了继续与抖音持久作战的决心。2019年6月，又开发出同步30秒视频到朋友圈的功能。2020年春节，腾讯更是投入10亿到微视红包项目，并在微信红包中增加"用微视发视频红包"的入口。以此为证，腾讯即便在短视频领域暂时落后，却依然表现出长期投入的决心，通过持续加码微视，来推动多内容平台的同步进化。

面对微视的挑战，张一鸣除了那次朋友圈"开怼"外，并没有太多具体的言语回应。但抖音却始终在坚定作战。2019年，抖音不仅扩大了广告营收，还在影视娱乐内容营销上获益颇丰。影视剧开通官方抖音号成为常态，曾经以图文为主的娱乐号也在这里肆意生长，更多的明星艺人纷纷入驻抖音，以至于这个平台的热搜被戏称为"视频版微博热搜"。娱乐与商业营销的结合，无疑为娱乐营销带来新力量，明星的大规模加入则让粉丝经济实现最大转化的变现。

2020年春节期间，抖音参与到字节跳动的20亿红包计划中，玩法囊括集卡、小游戏、红包雨、锦鲤红包等。1月24日，字节跳动与电影《囧妈》出品方欢喜传媒达成交易，这部原定在春节期间上档院线的电影于1月25日大年初一零点上线今日头条、抖音等平台，一举占领了公众注意力焦点。字节跳动斥6.3亿的巨资买下这部电影的版权，换取了新的潜在流量用户，让人们看到了张一鸣胜券在握的霸气。

无论如何，抖音与微视的战争仍在持续。排名两者之间的快手，既拥有腾讯投资，又与抖音在风格上越来越接近。张一鸣必须保持足够清醒，直面抖音身后的竞争压力。而这，也正是他的事业乐趣所在。

谁不曾被黑，坚持自我逻辑

2018 年时的抖音，与其他常用 App 截然不同。

如果你打开抖音，不会看到其他产品常见的搜索页面，也没有花里胡哨的标题，更不需要麻烦啰唆的注册流程。只需要一秒钟，手机屏幕立刻就被短视频全部占据，当短视频为横屏播放时，背景为黑色，接近电影院熄灯之后的密闭体验。你的眼前，只有经过算法和标签筛选过的短视频时，它不仅能吸引你的眼球，更能戳中你的内心。

那时，进入抖音，所有的页面都隐藏了标准时间，手机顶部的所有通知与提示也被隐藏。这个产品界面，帮用户排除所有的干扰，只为使用户尽可能地沉浸其中。当短视频播放起来，用户根本无法注意时间的流逝，除了来电，手机上其他 App 也无法轻易干扰用户。

与此类似的还有切换功能。抖音的每个短视频内容间距很近，用户根本不需要做过多动作即可操控。遇到喜欢的视频双击点赞，遇到不喜欢的直接下滑换到另一个，而这另一个视频，也是系统推送而来的，用户并没有走出抖音。

抖音的所有相关设计模式，颠覆了曾经的长视频平台模式。它有意模糊了用户对时间的判断，忘记了自己在这个产品上停留了多久，等他们反应过来，可能已经过去几个小时了。这正是"抖音十五秒，人间已半天"说法的由来。

同样，伴随抖音短视频的迅速爆发，也催生了一批"抖音神曲"。这些音乐被诟病为"口水歌"，但更多的抖音用户一次次被它们洗脑，以至于大脑不受控制地循环这些旋律，随时随地在脑海里自动播放。

使用抖音，你将不需要思考和行动，也不需要选择和决定，只需要享受快乐。而你付出的，只有时间。凭借着简单的设置，看上去毫无负担，你就能得到迅速而强烈的愉悦反馈。这样的奖励门槛低、而快感强，让大批原本只是好奇的用户，迅速变成了抖音的忠实粉丝，并由此形成了"抖友"亚文化现象。

上述图景，可能并不能代表张一鸣眼中的抖音。但无可否认，它真切地存在于每个人的手机中。那些让人停不下来的快乐，从未如此简单而低成本、大范围地被复制传播。这构成了抖音最初被黑的"槽点"。

必须承认，字节跳动最初开发抖音时，并未注意到短视频平台的强烈可成瘾性，更没有想到抖音会将该属性"抖"到极致。根深蒂固的技术背景，让张一鸣的团队孜孜以求让产品更智能、更接近用户的个性需求、更容易被传播，却没有关注到用户成瘾行为可能带来的负面影响。而这，恰恰成为抖音被黑的内在原因。

2018年4月2日，微信公众号"快微课"发布了一篇文章《抖音，请放过孩子》。文章以一个"中年老母亲"的视角，控诉了抖音对未成年孩子的危害，并引用了大量据说由用户拍摄的孩子视频，以及家长与孩子互动的视频。这些视频内容无不含有危险动作，并且配上了"孩子一直在挣扎，一直在哭闹""惊悚""严重外伤""玩儿上命""拿孩子的命开玩笑"等文字，令人望而却步。

文章后半段，尤其批评了抖音在设计的时候引入了让用户上瘾的机制。这种上瘾感，导致孩子的大脑长期被"高刺激阈值"包围，习惯轻而易举地获得大量愉悦感。相比之下，学习、阅读、思考这些愉悦感更少、付出更多的行为,自然无法引起孩子的兴趣。

文章最后,作者大声疾呼:

"强烈建议,抖音尽快删除那些儿童本人或儿童家长、老师上传的带有不良导向的视频:如小学生化妆,老师、家长无底线恶搞孩子,危险动作示范……并建立分级制度,限制未成年人的注册和视频上传。抖音们,请放过我们的孩子!家长,请别给孩子玩抖音!"

没等张一鸣反应过来,4月6日开始,以市级地域微信公众号为主的近百个微信公众号,同时刊发转载了内容素材几乎完全一致的文章,只是改动了不同的地名前缀:《××地人注意!你们疯狂日刷夜刷的抖音快手,终于出事了》。第二天,某知名自媒体大号紧跟其后,转发《抖音,请放过孩子》一文,随后引发大量转载,在短短20余个小时内,仅微信公众号平台上就被转发400多次。

张一鸣被这突如其来的攻击震惊了。

4月9日,张一鸣发文表示:"不知什么人,居然24小时内雇了400多个微信号发一波又一波拼凑黑抖音的稿子。"同一天,今日头条发文《"记录美好生活"的抖音,得罪了谁?》,展开了全力反击。文章直指,《抖音,请放过孩子》一文所引用的视频素材,有大部分根本不属于抖音平台生产发布的内容,最初刊登文章的"快微课"已被举报为谣言并删除了文章,随后的陆续转发必然有幕后推手。但另一方面,文章却回避了《抖音,请放过孩子》中提出的更多质疑。此后,对包括成瘾机制在内的所有指控,张一鸣和团队都再没有提起过。

沉默并不代表回避,张一鸣习惯用行动表明态度。4月10日,抖音官方账号发布一则海报,宣布上线第一期反沉迷系统。抖音由此成为国内首个上线反沉迷系统的短视频产品。

该系统基于用户单次使用时长或累计使用时长，对用户进行相应提醒、强打断等警示，其中主要包括两大功能：首先是时间提示，当用户连续使用90分钟后，短视频界面上会跳出提醒窗口，要求用户注意时间；其次是时间锁，用户设定密码开启，单日使用时长累计达到2小时后，系统将自动锁定，用户需输入密码才能继续使用。

2019年3月28日，抖音更是根据国家网信办指导，宣布对其"向日葵计划"中的青少年模式进行升级，加大对未成年人良性上网的引导力度。

用户每日首次启动应用后，系统将进行弹窗提示，引导家长陪同孩子选择"青少年模式"。进入该模式后，用户使用时段受限、服务功能受限、在线时长受限、不能进行打赏，且只能访问青少年专属内容池。同时，系统开始试点通过地理位置判定、用户行为分析等技术手段甄别、筛选农村地区留守儿童用户，并自动切换到"青少年模式"。在界面方面，批评者诟病的沉浸式体验被优化了，取而代之的新界面已经能看到手机顶部状态栏，也能看到时间显示。在内容方面，抖音处罚和封禁了一批低俗、造谣和传播具有危害倾向性内容的账号，使整个平台风气更为健康……

张一鸣并没有回避任何真正与抖音产品责任与形象相关的问题，而是根据政府监管政策与社会舆论要求，努力让抖音更健康地成长与发展。群体转发"黑材料"的争议事件，没有打垮抖音，反而在客观上加快了抖音自我完善的节奏。

但另一方面，张一鸣也拿起了法律武器维护权利。在多家微信公众号转载《抖音，请放过孩子》一文后不久，抖音短视频运营方公司就以名誉权侵权纠纷为由，将腾讯公司诉至法院，要求其立即停止侵权，提供微信公众号"快微课"的注册信息及身份信息，赔礼道歉，并赔偿经济损失即合理费用共 100 万元。到 2018 年 10 月，抖音又对该文作者提出诉讼，经过 17 个月诉讼之后，"快微课"公众号经营者贺女士败诉，向抖音赔偿 1 万余元。至此，抖音"被黑"事件终于告一段落。

纵观中国互联网商业历史，从阿里巴巴的淘宝、腾讯的 QQ，到后起之秀的美团外卖、滴滴快车，再到张一鸣亲手打造的今日头条、抖音……20 年来，几乎每家互联网独角兽企业的成长历程，都伴随着外界的非议、指责乃至抨击。其中，的确存在带有恶意企图的诽谤，但也同样不乏善意但尖锐的批评。作为最新一代的互联网企业领袖，张一鸣理应对这些历史了如指掌，并做好充分的应对准备。

短视频平台借助移动互联网发展的时代风口，其用户量和体量均呈现出野蛮生长的态势，其中暴露出的问题，自然非抖音一家所有。但抖音在极短时间成为佼佼者，由此承受舆论压力亦属正常。个中问题的关键，并不在抖音是否曾像文章所说的那样，对内容与上瘾性放任不管，而解决问题之道，也绝非推出防沉迷系统和青少年模式功能即可。抖音必须在本身运营的逻辑根基中，充分融入社会伦理规范的基因，在满足用户娱乐需求的同时，也切实保护所有用户尤其是未成年用户的权益。

放眼未来，张一鸣能否正视其技术背景、商业追求与全社会文化传统、舆论思维之间的矛盾，并以产品的不断更新换代而顺利弥合，是避免字节跳动再次"被黑"的关键。倘若如此，他所掌控的这家价值近千亿美元的互联网公司，也将从中获得更为强大、更富有生命力的运营逻辑。

第六章

重围下的努力

  投资今日头条的天使投资人刘峻，在接受采访时曾断言："张一鸣更喜欢做新东西，狂热地爱好科幻，哪天头条忽然说要进军太空探索什么的，大家也不要觉得奇怪。"

  天使投资人往往是最了解一家公司及其创业者的。张一鸣的好奇心与挑战欲，埋藏在他的儒雅外表和低调个性之下，犹如平静的火山内，不断奔涌流动的滚烫岩浆。凭借领导者所赋予的动能，字节跳动开始四面出击。

悟空问答，迎接知识付费时代

曾几何时，创业者喜欢思考"如果百度或腾讯也做这个事情，你怎么办"的问题。但当移动互联网的年历翻到2017年时，他们最担心的生死问题是"张一鸣会不会也做这个"。

字节跳动的产品矩阵不设边界，但也不会无所选择。张一鸣的习惯是只要出手，就要有明确的竞争目标。他尤其喜欢将各个领域的最强产品作为对手，在挑战过程中更全面地认识自己的力量，调整企业的策略。在知识付费领域，他将知乎视为新的追赶目标。

2016年底，今日头条举办的一次算法竞赛中，披露了名为"头条问答"的新频道细节。由于一贯的低调态度，这个产品被描述为"今日头条最新推出的协同创作工具"，尽量避免被联想到知乎。在随后的发展中，头条问答也避免了只注重运营模式，反而更关注算法在问题分发中的作用，注重以智能模块向用户推送问题。对此，张一鸣说："传统意义上的问答，基本上都是社交模式，存在很多问题。在我看来，这恰恰是人工智能和算法可以解决的。"

为拉动头条问答的人气，频道刚上线就推出了优质奖、劳模奖、人气奖等，对用户的回答内容加以补贴。2017年6月，头条问答顺利进化为"悟空问答"这一独立App。

8月，为打造能与知乎抗衡的"悟空问答"，字节跳动一口气签约了 300 多个知乎大 V，要求大 V 此后的回答内容必须独家发表在"悟空问答"平台，不得再同步到知乎上。

高调的挖角行动与之前低调的宣传策略，形成了鲜明对比，再次彰显了张一鸣的性格特质：不鸣则已，一鸣惊人。

字节跳动的挖角策略，多少触怒了知乎。张一鸣随后的针对性回应虽短，但包藏了应有的火药味，他在自己的微头条号上评论张亮的言论说："觉得知乎创始人张亮对自己平台的作者有点儿傲慢。"

"悟空问答"会让知乎创始人感到不满，多少与其志在必得的人才引进策略有关。根据传出的签约内容，签 3 年合同，每个答案按 100 元、200 元、300 元、500 元不同档位来给钱，一个月最低 10 篇、最高 24 篇，每篇回答不低于 500 字，且须有配图；部分大 V 的签约价单独协议。正常计算，一个大 V 每个月可以分成 2400 元、4800 元、7200 元、12000 元不等，特殊问答价格甚至可以更高。这样的回报，显然比市场上任何一家问答平台给作者提供的条件都好，这展现出字节跳动杀出重围的坚决意志。但另一方面，他们与知乎大 V 签署的协议又并非外界盛传的"独家垄断"，而是只垄断在悟空问答上的"答题"内容，并不限制答主本人在其他平台上的发展。因此，悟空问答随后在官方账号上进行公开回应："悟空问答的签约答主不止 300 人，但从未禁止任何人在其他平台发布内容。现金是对知识分享的奖励，予人玫瑰者，手里不应只有余香。" 8 月 29 日晚，张一鸣对此回应称："知识应该分享的，我们只是鼓励创作。"

在 2017 年年末的创作者大会上，字节跳动官方宣布，悟空问答的用户已超过 1 亿，每天超过 2 亿人次阅读，在 2018 年，公司还将投入 10 亿人民币来补贴答主和用户。

事已至此，悟空问答和知乎的第一轮争夺，似乎以悟空问答重金砸下的胜利而告终，甚至有人预测"悟空"打败"知乎"的时刻即将到来。但随后的发展，并未按这一预测走下去。根据 QuestMobile 的数据，2017 年 10 月，悟空问答平均月活跃用户数曾达到 121 万，2018 年 4 月到 7 月，悟空问答平均月活跃用户数在 93 万左右，而从 6 月到 7 月，悟空问答的月活跃用户数陡然下降为 68 万，这和知乎的月平均活跃用户数始终保持在 3200 万左右形成了鲜明对比。到 2018 年 8 月底，甚至传出悟空问答即将被并入微头条，团队 100 多人即将转岗的"谣言"。

虽然人们一度将悟空问答看成知乎强劲的对手，但本质上，悟空问答很难在短短一两年内达到知乎的行业高度。知乎成立 8 年中，不断对问答平台规则加以制定、更新和施行，让真正有价值的问答内容和用户流量留存在平台上，然后再以此为基础，不断吸引更多新的流量。其背后的逻辑，是通过强化运营，实现去粗取精、去伪存真的目的。正因如此，知乎才能从一个小众产品，通过不断的品牌价值积累，普及为相对大众化的产品。

悟空问答没有这样的时间积累。张一鸣希望尽快看到成果的创业逻辑，也不可能给出如此的耐心。悟空问答从一开始就专注于打造爆款，从利用今日头条的流量支持，到人工智能搜索网络热点问答进行分发，再到重金签约、补贴答主来"买内容"。然而，平台最终获得的依旧是较强的娱乐属性。这与字节跳动其他的产品价值观一脉相承，和知乎追寻的调性却是大不相同。

换而言之，问答并非普通的内容推荐，其核心在于知识传递，与教育行业更为接近，而非资讯与娱乐领域。娱乐和问答，两者并非同路人。因此，悟空问答的发展很快遭遇到了瓶颈。娱乐化属性虽然能在短时间内打响品牌、吸引用户，但并没有为用户留存足够多的原创知识内容，更无法形成类似知乎的讨论生态。整个平台由于偏重流量属性，逐渐变成"笑一下就走"和"吐槽大会"，缺失了大规模的内容和用户沉淀，也就难以冲击知乎在问答领域的王座。

凭借今日头条，字节跳动确实具备了强大的孵化能力。从懂车帝到抖音，似乎任何产品只需导入海量的用户和流量，再加上算法推荐机制，都能迅速崛起，但悟空问答的增速放缓，很大程度昭示出流量孵化也并非万能。

其实，悟空问答并非没有希望。字节跳动的产品矩阵设置目的，显然是推动用户在其庞大的产品序列内不断花费精力和消磨时间，而不是提高效率、迅速学习。悟空问答可以在提供娱乐的产品逻辑基础上，再以问答平台的外表出现，甚至将整体调性变为"娱乐问答"。这些，需要张一鸣发挥智慧和勇气去引领，更需要团队不断付出定力与耐心来执行。

虽然悟空问答面临着一定困难，但带给字节跳动的，并非全都是负面影响。张一鸣起码能从中获得积极的启示。首先，字节跳动不能以今日头条的模式，去放之四海而皆准，不同的产品面对不同的用户需求，有着不同的内在成功逻辑。其次，在移动互联网行业的新时期，用户数量、流量规模、入口多少、算法精确度并非包治百病的良药，必须结合具体的产品特征而运用。

除了悟空问答，字节跳动在电商和社交领域的尝试，也准确地印证了这两大启示。

值点与新草，电商搅局者

2018年中，随着整改步骤的落实，字节跳动凭借旗下产品，稳居全网仅次于腾讯生态的第二大流量池宝座。此时，张一鸣想进一步开发流量价值，实现流量价值。他开始尝试直接把信息流变成商品流。

这步棋，许多人都想到了。拼多多创始人黄峥曾直接用今日头条的产品形态，描述自己的产品模式："你可以想象，将今日头条的信息流换成商品流，那就是拼多多。"张一鸣当然不甘落后。他不喜欢想象，而是崇尚行动。更何况，作为电商试水计划的一部分，今日头条平台上的头条小店，早已涌现出不少成功先例。头条号上，"脑洞历史观"的小店，曾将一本书卖到全国断货，小店月流水高达200万元。"巧妇9妹"小店，一年卖出765吨水果，年成交额达到1500万……这些都让张一鸣看到了新型电商带货的成功可能性，他期待利用旗下的信息与社交流量，缩短内容消费到购买行为之间的路径。

张一鸣对电商的渴望已非一日。

早在2014年7月，今日头条就上线了电商导购产品"今日特卖"，涉足电商导购。最初的"今日特卖"为消息流形式，展现在今日头条App的推荐界面中。当用户点击活动推广图后，就会跳转至商家在天猫、京东、唯品会、1号店等电商平台的店铺，在电商平台完成购买。

2017年9月，今日头条又上线了"放心购"栏目。放心购只支持货到付款,并承诺 100 天退换,目标人群是 40 岁左右、不熟悉电商、中低消费需求的男性,商品大多不超过 200 元。2018 年 4 月,放心购进行了拆分,增强了对商家的服务。

到 2018 年 9 月,张一鸣正式出手,推出电商平台"值点"。这款独立 App 被定义为"优质低价网上超市",运营公司由今日头条 100% 控股,主打平价商品,将竞争对手设定为拼多多,向电商的下沉市场发起挑战。

在官方介绍中,值点"值得买,值得看,让生活更值一点"。张一鸣对这款 App 的期待,是将其打造成集电商购物和内容资讯为一体的平台。因此,值点相较普通的电商 App,除了产品信息流,还拥有"值得看"入口,其架构近似于小型"今日头条",以信息流方式呈现新闻资讯。

值点兼容资讯和电商,可以看成带有试验性的探险。当时乐观的看法认为,值点一方面能通过资讯增加用户黏合度,延长注意力时间,促进购买行为的发生;另一方面,还能将资讯阅读与购买行为之间的数据打通,促进算法推荐的精准度,做到真正的"千人千面"。这样,就能在市场下沉路径中获得足够优势,同拼多多竞争"五环外"的广大用户群体。这些用户,又恰恰是今日头条系列产品的主要人群。

但事实却并未如此乐观。值点主打低价购物,主要面向"五环外"中年男性,既要专注下沉市场与性价比商品,又要从今日头条的资讯中开发新闻信息,这两大需求之间的联系逻辑,并没有表面上那么紧密。当值点正式运行后,在商城产品方面没有很好地把握住用户需求,人群的消费心理和购物场景呈现出了割裂感,这导致值点看上去并不像一款独立的电商 App,依然像电商版本的今日头条,这显然无法满足客户需求,也难以实现张一鸣最初的规划。

值点推出后两个月,字节跳动又推出了"新草"。

新草同样由字节跳动掌控，公司法定代表人为张一鸣当年的室友梁汝波，其时担任今日头条技术总监、抖音公司的法定代表人。与值点对标拼多多类似，新草对标小红书，目标定位为社区和"种草"[1]，强调体验与内容，标志语是"年轻人都爱逛的种草社区"。

新草的产品界面包含了家居、旅行、美食、宠物、数码、小物、书影等多个板块。为了和小红书有所不同，新草 App 首次打开时，用户需要选择性别，以此来区分内容从而进行推送。与值点相比，这个产品的目标人群和定位明显更加年轻化，勾画出的是与值点截然不同的用户人群。新草用户更注重内容和体验，值点力图覆盖的用户群体则更注重性价比。因此，前者在经验分享和参考价格上停留，努力构建小而美的内容社区，并不追求直接走到电商购买环节，而后者则直接罗列出商品性能与低价以吸引客户。

但是，2018 年的电商竞争格局看上去基本没有新玩家的空间了：在电商市场下沉的征途上，拼多多已然握有先机，小红书裁撤了电商部门一半的员工；考拉即将卖给阿里，因为电商业务拖累了网易整体的盈利水平；国外电商巨头亚马逊眼看打不过，也开始撤离中国……无论值点还是新草，在此时出生，都意味着此后道路并不平坦。张一鸣曾带领今日头条和抖音打破了看似稳定的市场格局，这次却未能在电商领域立刻实现蓝海突围。

上线一年之后，值点悄然落幕，新草则始终不温不火，没有形成明确的电商转化路径，也未成功转型为内容电商。

---

[1] 种草，网络流行语，表示"分享推荐某一商品的优秀品质，以激发他人购买欲望"的行为，或自己根据外界信息，对某事物产生体验或拥有的欲望的过程。也表示"把一样事物分享推荐给另一个人，让另一个人喜欢这样的事物"的行为，类似网络用语"安利"的用法。还表示一件事物让自己从心里由衷地喜欢。

2019年8月,关于字节跳动电商项目的传言再次出现,据说张一鸣打算开发新的电商平台,该平台在经营方式和品类上很可能对标网易严选,以自营和工厂直销个性化商品为主。但不久后,字节跳动就对此进行了否认,声称所谓新电商,其实就是接手锤子科技的线上官网。

巨大的流量,让字节跳动始终面对着变现的诱惑,这种可能性不断催促张一鸣寻求强大的电商路径,将之转化为现实收益。对如此体量的互联网企业而言,除了广告收益外,电商终究是最直接、最简单的变现方式。从商业模式上看,进军电商阵地,字节跳动才能摆脱对广告金主的依赖,形成自我造血能力的商业模式。而从资本运作来看,字节跳动之所以没有开启IPO之路,原因也在于张一鸣希望将流量变现之路走通,将企业整体估值推到最高峰,再在资本市场上实现完美一击。

即便遭遇过坎坷,面对着艰难困境,为了更好的商业模式和实际的利益,在未来,张一鸣势必还会吹响进军电商的号角。

多闪与飞聊，社交是永远的主题

社交平台技术研发出身的张一鸣，对社交类产品的钟爱，在行业中早已不是秘密。2017年11月，在今日头条创作者大会上，张一鸣宣布了新计划：下一步，字节跳动将从智能分发时代走向智能分发和粉丝分发相结合的智能社交时代。他说："我们相信，这也是社交媒体的2.0时代，通过智能推荐更有效率地获取粉丝。"

在中国，任何想要进入移动互联网社交领域的勇士，都必须首先挑战腾讯，但这又谈何容易。近年来，子弹短信、微脸、echo、硬核、ZEPETO等产品，都曾想在社交领域找到新的突破点，尽量分到更多的用户。但在腾讯根深蒂固的版图核心地带，这些挑战者无一不在交手中迅速败北。

即便如此，张一鸣和他的团队还是认定，社交领域并非毫无机会。面对信息过载、功能冗杂等体验问题，用户对新的社交产品也有需求。因此，移动社交平台的新希望，必然会发轫于产品变革上。只有从功能和社交形式上寻求创新，为下一次技术变革做准备，才有可能引发市场的变动。更重要的是，在移动用户的总使用时间分布上，移动社交占据32.8%的份额，远高于移动视频、手机游戏和新闻资讯。字节跳动希图获得更大成长，社交战场是绕不过去的山头。

张一鸣的性格内核有着客家人的倔强底蕴。他知道只有硬碰硬，才能有反超的可能，即便因此碰得满头鲜血，也必须做出尝试。否则，就只能被腾讯牢牢压制。如果自己能拿下微信所占据的部分社交份额，就能将之同电商、游戏、资讯、娱乐结合起来，站稳移动互联网第三大巨头的位置。

随着张一鸣的宣战，字节跳动社交产品的研发和测试，紧锣密鼓地在幕后开展起来。

2019年初，字节跳动发布了"多闪"。这是其首款社交产品，依托抖音账号，主打熟人视频社交功能，作为字节跳动社交类产品的前锋，向腾讯的社交领域腹地发起进攻。这一波进攻突如其来，产品上线24小时后，下载量突破百万。但腾讯并不好惹，直接屏蔽了微信平台上的多闪链接和二维码，甚至在多闪的发布会上，观众们下载软件都无法通过微信扫码，只能复制链接到浏览器进行。时任今日头条CEO的陈林在现场低调地表示，多闪并不是以微信为竞争对手，因为双方的功能和诉求都不相同，"他们没必要一上来就这样"。

腾讯当然要"这样"，他们总是将任何瓜分社交市场的苗头扼杀在萌芽阶段。不久之后，腾讯向天津市滨海新区人民法院起诉抖音和多闪的运营公司，申诉对用户头像和昵称的合法权益，并要求多闪立即删除后台服务器的所有相关数据。

3月19日下午，多闪向用户发送弹窗通知，宣称"根据腾讯公司强烈要求，用户在微信、QQ上的账户信息，包括头像、昵称的权益属于腾讯公司"，并要求用户修改与微信、QQ相同的头像和昵称。这一事件将双方矛盾公开化，在网上引起不小的波动。

3月20日，天津市滨海新区人民法院正式下达禁令裁定书，支持了腾讯主张的权益，要求停止在多闪中使用来源于微信、QQ平台的用户头像、昵称。此后，多闪的活跃度与关注度持续降低，在App Store的下载榜单的排名也一度滑落到160名之后。

腾讯与字节跳动围绕社交领域的战争并未停止，很快随着张一鸣的再次进攻而爆发。

2019年5月19日，一张带有飞聊字样的二维码图片，开始在网络中传播和下载。在随后推出的正式产品介绍中，飞聊被描述为即时通信软件与兴趣爱好社区的集合，致力于帮助用户发现同好。

对飞聊，腾讯的反击依旧凌厉。程序上线当天的半小时后，飞聊的分享二维码即被微信屏蔽。而飞聊内"钱包"页面，也只支持绑定支付宝，不支持微信支付。

实际上，飞聊吸取了多闪受挫的教训，试图寻找新的突破口。虽然同属字节跳动旗下的社交产品，但两者最大的区别在于，多闪强调"私密社交"，而飞聊是建立在"基于兴趣的陌生人社交场景"上。

"私密社交"，与微信的功能与性质相当接近，这导致多闪用户数量的增长，必须依靠对微信人际关系的迁移。一旦微信对多闪进行封杀，用户就找不到新的需求去满足自己，迁移人际关系反而需要付出更大成本。相比之下，飞聊希望帮助用户建立新的兴趣关系圈子，为此张一鸣甚至没有利用旗下任何产品的账号系统来引流，用户使用飞聊必须注册新的账号，更谈不上利用微信的人际关系。显而易见，在多闪的正面进攻受挫之后，张一鸣立即调整了作战方针，以新的渠道去撬动微信的资源根基。

飞聊选择了不同于传统社交软件的路线，主动纠正了多闪的战略错误，这让不少人对其寄予希望，认为其有可能颠覆微信一家独大的社交格局。然而，飞聊的每日下载量还是在不断下跌，到2019年8月初，日均下载量跌至千次以下，甚至比不上依托于抖音账号系统的多闪。

人们不禁要问，张一鸣这次对社交领域的挑战，是否又宣告失败？确实，字节跳动两次挑战腾讯社交霸主的尝试，并没有获得实质性成果。尤其是更被看好的飞聊，其高开低走的根源，很大程度上在于野心过高导致的由简入繁。

从社交软件登陆移动互联网开始，经过漫长而激烈的战役，这个市场已被三类热门产品所占据，分别是以微信一家独大的社交、办公通信工具，以探探、陌陌为代表的陌生人社交工具，以贴吧、豆瓣为代表的兴趣内容社区工具。

而以后来者姿态出现的飞聊，却囊括了上述三种社交形态。在用户沟通的操作逻辑上，飞聊与微信相似度很高；在应用首页，飞聊加入了大量的"小组"，这是以兴趣点为导向的内容社区，用户能找到兴趣小组并加入，和志同道合的人沟通。这又让飞聊具备了陌生人社交的基本要素。此外，飞聊还有"公共主页"功能，能加 V 认证，可以在公共主页发布个人公开信息，看起来又有着微博的影子……飞聊几乎将目前能见到、能想到的大多数移动社交功能，全部塞进了软件，显得非常完善。但这种"大而全"，恰恰成为飞聊的短板。

从产品角度看，只有当用户面对产品名称能立即说出其主要用途时，才是真正的产品。例如，淘宝让人联想到购物，微信等同于聊天，微博是八卦集散地，小红书则是种草大本营，等等。但提到飞聊，大多数用户依旧犯迷糊，不清楚究竟算微信、微博、贴吧还是豆瓣，更不清楚自己如果有这些软件，又何必下载飞聊。

飞聊功能太多，无法精准进行用户定位，也不可能通过竞争对手微信来获得新用户，这些都可能导致它必须面对和多闪相似的命运。迄今为止，字节跳动的两款社交产品，均在上线初获得了高期待，但最终依然逃不过大部分社交软件面对腾讯"一回合下场"的命运。

但张一鸣不可能认输。2020 年 2 月 24 日，字节跳动宣布，将本企业自主研发和使用的办公平台"飞书"向全国所有企业和组织免费开放，不限制规模、功能和使用时长。这一平台不仅具有即时通信、音视频会议等功能，用户还能享受定期在线培训、在线直播分享实践、产品新功能培训等免费服务。伴随着新型冠状病毒疫情的全球扩散，联合国教科文组织（UNESCO）也发布公告，建议使用远程学习来防止教育中断，而飞书也和钉钉一起被推上了推荐榜单，并附上了下载链接。

　　看起来，张一鸣想要从侧面迂回，以办公平台来寻找社交领域的突破口。字节跳动与腾讯之间的社交领域的战争，远未停止。其结果如何，关系到张一鸣是否能谱就新的传奇故事，关系到字节跳动的未来成长。对此，所有人拭目以待。

面向百度，发起挑战

未曾深入涉足互联网行业的人，往往知道字节跳动是腾讯的直接挑战者。单纯从竞争形态看，这种看法似乎有些道理。毕竟，"头腾大战"动辄诉诸法律，既吸引媒体眼球，又具有商业价值。

实际上，无论从历史还是现实看，张一鸣另一个追赶的目标，是百度。不是今时今日的百度，而是曾经身处王者巅峰的那个百度，甚至是人们想象中"应该更好"的百度。

在字节跳动崛起之前，中国移动互联网行业由 BAT 主宰。阿里的大本营在电商，腾讯的大本营在社交，而百度的大本营在搜索。然而，搜索是互联网应具备的基本功能，是帮助用户实现需求的手段，而非需求本身。真正探寻百度对用户满足的需求，是"信息分发"。

通过搜索，用户能高效获得信息，发布者高效传递信息。在 PC 时代，百度正是凭借其强大的搜索功能，才能在面对各大门户网站时毫无惧色，取得完胜。显然，相比门户网站，搜索引擎更加先进、高效，适用范围更广。百度也因此始终渴求技术和销售两大核心竞争力。没有技术，就难以高效捕捉用户和分发者的需求，帮助信息的分发输送。没有销售，也就难以拉到足够的广告客户，实现信息分发的变现。

但是，当用户越来越习惯用智能手机上网后，百度的难题开始逐渐显现。首先，传统的网页模式式微，用户更习惯使用 App 如微信、微博内部的搜索功能，实现碎片化的信息分发和接收。其次，竞价排名等营销方式的曝光，让用户不断成熟，他们对体验的需求不断提升，也对百度产品和运营能力提出了更高要求。

百度始终未能攻克上述两大难题。在移动互联网时代，这家传统互联网巨头触碰到流量基础和变现模式的天花板，在这个漫长过程中，张一鸣带领的字节跳动找准了崛起的空间。

2012—2013年，字节跳动创立，百度姗姗来迟，进入移动布局。

2014—2015年，今日头条野蛮生长，百度选择全面投入O2O商业模式。

2016—2017年，百度在O2O和金融业务上消耗了数百亿资金，又投入智慧汽车项目。字节跳动却将资源投在了以短视频App为代表的内容创作平台上。百度于是推出了百家号、好看视频，在信息流推送业务上，反而只能跟随字节跳动前进。

2018年，随着陆奇卸任，百度再次经历管理层变动，转而寄希望于智慧汽车和智慧家居。此时，字节跳动的估值开始超过百度。张一鸣趁机决定，攻入百度的核心腹地：搜索领域。

2019年5月的"今日头条生机大会"上，今日头条新任CEO朱文佳提出了"一横一竖"构想："用尽可能多的内容体裁、尽可能多的分发方式，打造一个通用信息平台，来连接人与信息，促进创作和交流……"横轴，代表内容体裁；竖轴，代表分发方式。而位于竖轴最顶端的，就是覆盖了横轴全部内容体裁的"搜索引擎"。

根据字节跳动官方介绍，头条搜索团队覆盖了今日头条、抖音视频、西瓜视频、火山视频、懂车帝等产品，只为全力打造出理想的搜索中台结构，其搜索的内容包括视频、资讯、小视频、图片、音乐、用户和微头条7大类别，对应旗下不同的产品。

为了这一刻，张一鸣谋划已久。从公开信息渠道可以了解到，字节跳动起码有 3~4 位高管曾任职于百度。杨震原，在百度负责了 10 年搜索架构工作，曾担任搜索部副总监；洪定坤，曾任职于百度贴吧；朱文佳，曾担任百度搜索部门首席架构师；朱时雨，曾任职于百度商业分析部；康泽宇，在百度担任了 7 年的研发工程师……在 2015-2017 年之间，这些人纷纷加入字节跳动，分别在今日头条、推荐算法、搜索业务、商业化、海外产品等部门负责相关业务。在字节跳动中基层队伍中，曾经有过百度工作经历的人数更多，因为无论是技术还是销售，百度都堪称行业内的"黄埔军校"。

张一鸣清楚，相比借以起家的算法和分发机制，搜索属于用户的主动行为，与推荐完全不同。由于百度的搜索功能深入人心，想要用头条搜索替代百度，字节跳动需要付出巨大的用户迁移成本，包括财力、精力和时间。因此，外界推测其真实目的，是要利用搜索功能，打破推荐机制带来的"信息茧房"效应，并将旗下所有内容聚合起来，更高效地提供给用户。但是，这不可避免地触及了百度的核心利益，而百度随之而来的反击也会更加猛烈。

2019 年 8 月，百度对外宣布，完成了双引擎和双生态的布局。所谓双引擎是指搜索和信息流，双生态是指百家号和智能小程序。从百度自身看，双引擎和双生态是核心业务的升级，也是生态的进化。但站在字节跳动的视角看，这分明是百度反攻入了今日头条的腹地。

双方的竞争开始进入白热化。几乎同一时间，"头条搜索"网页版上线，口号是"搜你想搜的"。

强大的团队，并不代表迅速战胜"老东家"的产品实力。头条搜索推出后不久，许多人发现它正在变得和百度搜索越来越像。除了没有大规模广告外，头条搜索在内容上的优势并不明显。相比百度，头条搜索的内容来源不够广泛，抓取的内容池也不够大，无法覆盖到知乎、腾讯、爱奇艺这些信息来源。

事实上，头条搜索对百度的挑战，战场远非一处。除了搜索功能，头条还需要在百度知道、百度贴吧、百度文库、百度百科、百度云盘等各个垂直类产品上拿出有力产品，与百度进行争夺。但想在短时间内，复制百度十几年中完成的布局，即便对张一鸣而言，也有相当难度。一直以来，搜狗和 360 为此拼搏多年，却收效甚微。

更重要的是，头条搜索还面临着左右互搏的难题，即用户行为习惯的改变。今日头条的用户大多习惯了被动接收信息。享受智能算法带来的便利，减少了所有人用在搜索上的时间和精力。而头条搜索又想让用户改变这种习惯，去主动运用"搜索"功能，由此形成的矛盾显而易见。

例如，当用户搜索热门电视剧时，头条搜索提供的信息内容，究竟应该覆盖全网络，还是只有字节跳动信息流？如果是混合提供，流量应如何分配？头条号作者的受益又如何分配？

2020 年 2 月底，头条搜索 App 正式推出，某种程度上回答了左右互搏的问题，但根本问题尚有待解决。张一鸣对百度的挑战，不太可能变成一场革命，更像是以进攻为形式的防守、以学习为途径的成长。这场注定漫长的挑战，此时才刚刚开始。

游戏赛道，不凡的棋局

2019年6月，媒体传出一则字数并不多的消息：字节跳动正式成立百人团队，开始了以自研游戏为主的名为Oasis（绿洲计划）的项目。与此前该公司开展的小游戏和休闲游戏不同，"绿洲计划"主要针对的是重度游戏的开发。

与以往面对许多消息的态度相同，字节跳动选择了低调应对。但在众多行业人士耳中，仿佛听见张一鸣正擂响进军游戏的战鼓。不久后，人事消息印证了传言：字节跳动原战略投资负责人严授正式转岗，全面负责游戏业务，带领游戏自研和独家代理业务实现突破。

字节跳动对游戏行业的布局，可谓蓄意已久且计划周密。这场张一鸣面向腾讯的长期挑战，从2020年初春开始进入了新的赛道。

长期以来，字节跳动凭借精准的算法推荐，吸引了各大游戏厂商投放广告。2018年，手游行业贡献给字节跳动150亿广告费，2019年，这个数字达到200亿元。但是，张一鸣并不打算始终为他人作嫁衣。用流量挣广告费，将会让字节跳动处于行业链条的下游，他想要打造的是集研发、发行和代理为一体，有休闲游戏也有重度游戏的游戏帝国。

2017年7月，首届"今日头条游戏盛典"开幕。2018年1月，字节跳动旗下的西瓜视频开始招聘手游和端游领域的知名主播，今日头条则上线"今日游戏"，正式进军休闲小游戏领域。同年底，字节跳动开始尝试独家代理和联运游戏业务。

此时，腾讯看清字节跳动的部署意图，迅速展开反击。2018年11月，腾讯公司以字节跳动组织游戏主播直播《王者荣耀》未获授权许可，侵犯著作权和不正当竞争为由，向广州知识产权法院申请禁令，字节跳动旗下公司被禁止直播《王者荣耀》游戏内容。随后，腾讯连续提起8项类似诉讼，涉及《英雄联盟》《穿越火线》等多款游戏。

腾讯的反应，在张一鸣意料之中。尽管游戏直播受到限制，但在他的规划下，战略布局依旧井然有序地进行：游戏直播只是开路，随后用休闲游戏试探，最后以重度游戏轰击。

2019年2月，字节跳动上线了第一款自研游戏《音跃球球》，以抖音为主要流量入口推荐，一举冲进休闲游戏领域前三名。显然，基于抖音应用场景推荐分发的小游戏和代理游戏，以轻游戏来迎合相关用户人群。

长达2年的准备过程中，张一鸣利用今日头条与游戏厂商联合运营，用抖音、火山和西瓜视频等渠道做游戏直播和发行，积累了大量小游戏的运营数据，由此打通自主研发重度游戏的道路。在此期间，他没有忘记采取投资收购的方式，3次向游戏公司伸出橄榄枝，分别收购墨鹍科技和深极智能，并入股了上禾网络。尽管如此，字节跳动总体缺少时间积淀和资源积累，而游戏产品的市场表现，不仅受到游戏本身质量的影响，更重要的是前期策划和后期运营。

字节跳动开始储备和打造本身的人才团队，在2019年的校招简章和社招网站上，字节跳动释放出了"游戏研发工程师、游戏策划、游戏美术设计师、游戏品牌、游戏运营"等大量游戏部门职位需求，人们清晰地看见，招聘简章标题赫然注明"字节跳动终于涉足游戏行业！"

张一鸣在游戏领域的进攻，威胁的不只是腾讯，同样也有网易这个游戏巨头。2019年，游戏业务为腾讯总营收拿下了三分之一的江山，而为网易带去的则是78%的营收。尽管这两家巨头稳坐游戏行业前两位，但市场总体规模还在不断扩大。尤其从2020年2月开始，中国移动游戏市场规模超过 150 亿元，同比增长 18.6%，这块蛋糕完全值得字节跳动利用流量和产品优势去加以"瓜分"。因此，张一鸣以一敌二，依然信心十足。

张一鸣在游戏领域有自己的优势。流量本身就是游戏的命脉，腾讯之所以能占据游戏市场霸主地位，是因为其拥有最大的社交流量。而网易在追赶过程中，也多次推出依托游戏设计的社交产品，同样看重社交流量。当字节跳动旗下产品日活跃用户数字达到 7 亿人时，张一鸣显然有了与游戏前辈们叫板的资格。

更重要的是，字节跳动手中的流量相当精准，其产品的用户体验在很大程度上与游戏用户体验相似，都离不开打发时间、放松心情、寻求社交等目的。对字节跳动而言，将手中拥有的日活跃用户转化为游戏玩家，是无须远眺的变现之路。

这条路正式开始于 2020 年 3 月 12 日。这一天，字节跳动历史上第一款重度游戏《热血街篮》正式公测，在 App Store 免费榜中位列第二名。根据算法推荐的机制，字节跳动可以直接利用之前的数据积累，围绕男性、经典、篮球、热血、青春等关键词，通过矩阵产品，将这款游戏的广告精准推送给对应人群。而从事实上看，这款游戏迅速跻身免费榜第二名，也和字节跳动的庞大流量与算法推荐密切相关。

不过，现在就谈及游戏赛道前方的胜利曙光，似乎为时过早。字节跳动所有的主力产品都以算法推荐内容，为用户编织一个美好的个性化信息世界，将他们接触信息的范围从"海"变成"面"，甚至变成"线"。当用户习惯于用这条"信息线"来不断自我投喂满足、打发碎片化时间后，反而不习惯长期沉浸在完整体验的重度游戏中。如果从付费意愿上看，无论今日头条还是抖音，都是免费阅读观看类的软件，没有设置付费门槛，也并未培养用户付费习惯，这样的用户群体在面对游戏时，是否能够产生积极的付费意愿，还需要市场进一步验证。但无论如何，在手机游戏这一不凡的棋局上，张一鸣落子无悔，势在超越。

第七章

全球化战略

　　7年长跑,张一鸣和字节跳动每前进一步都在壮大,也都在面对挑战。到2018年,这家公司无论是用户规模还是产品矩阵,似乎都已登顶。但与此同时,他们也面临着荣誉光环之外的凶险。

　　这一年,字节跳动的战场在不断扩张,对手也越来越多。电商、社交板块成效不明显,头条搜索想要深入百度腹地同样困难重重,抖音身后有紧追不舍的快手,腾讯则更是将字节跳动看作最大的竞争者……

　　这一年,IPO的传闻总在张一鸣耳边回响,他知道这是鼓舞,也是鞭策。他更知道,即便辉煌上市,字节跳动的前行道路上,依旧有一座又一座需要征服的险峰。

务实的浪漫

2019年5月,在字节跳动成立7周年的公司内部大会现场,张一鸣独自站在舞台上,用带有浓厚福建口音的普通话,从容地对台下数千名员工演讲。此时,他身后硕大的屏幕上,闪烁着一排令人难以置信的话语:"务实的浪漫主义,把想象变成现实。务实——同理心,浪漫主义——想象力。"

这句话之所以令人难以置信,在于所有自认为熟悉张一鸣的人,都从未将他和"浪漫"联系到一起。毕竟,张一鸣是用概率论来解释恋爱的理工男,也是强调技术、逻辑和"延迟满足"的严谨创业者。长期以来,他不习惯在新闻媒体的聚光灯下抛头露面,总是将自己调整为"静音模式",让产品代替自己去说话,甚至斗争。即便遭遇外界的非议乃至批判,张一鸣也会习惯性地选择不予争辩,最多只说上一两句。而今天,那个追求实用价值和快速反馈的理工创业男,竟然在PPT中大张旗鼓地称颂"浪漫",这实在令很多人一时无从适应。

其实,张一鸣早就否认了外界强加给自己和公司的标签。

曾经有人将字节跳动比喻为"App工厂",张一鸣对此并不认可。"外界对我们有很多描述,说字节跳动是个过于理性的公司,张一鸣是一个过于理性的人,什么AB测试公司、App工厂之类的,我非常不认同。"张一鸣坚持认为,字节跳动是非常浪漫的公司,这种浪漫体现在"有生命力、面向未来、拥抱不确定性、保持可能性"。

确实，字节跳动秉承了张一鸣的理性和严谨，导致许多人都只看到他的这一面，却忽略了隐藏在这家企业表面下如火般滚烫的内心。张一鸣曾引用在建筑工地上看到的话，激励自己和团队："空间有形，梦想无限。"这句话更像是务实浪漫的注解。有形，决定了企业追求的价值必须务实；而无限，则引爆了追求中的浪漫因子。

时间切换回2012年末，今日头条App刚上线。在锦秋家园6楼的办公室，张一鸣和团队重要成员开会，核心议题只有一个：如何打造好个性化推荐引擎。

张一鸣认定，想要做出与众不同的信息平台，就要开发出优秀的个性化推荐引擎。他力主马上投入研发。当他提出议题时，产品经理和研发程序员面露难色，纷纷表示并没有这样的能力和经验，担心无法做出。

团队有这种态度并不奇怪。

在互联网信息推送技术中，门户网站的难度最低，它们只需要简单分类现实信息。它像一家报社或者杂志社，发布信息，用户直接翻阅。

搜索引擎的难度较大，必须根据用户简缩的关键词，从已经索引的信息中找出相关度、时效性最高的结果。它像一家图书馆，储藏信息，由用户直接搜索。

推荐引擎的难度最大，需要根据用户以往所有的检索习惯，将信息推荐给用户。它更像为用户代劳的服务者，要猜到用户的心思。

在2012年，面对位于难度金字塔顶端的推荐引擎，只有最好的人才，方能鼓起勇气攀登。

张一鸣也不会开发个性化推送引擎。他从同理心出发，坚信用户需要这样的引擎，更从浪漫的想象出发，确认自己就是最好的人才。带着如此坚定的目标感，他固执地决定："如果不解决个性化、智能化推荐的问题，我们的产品只是做些微创新，也许能拿到一些移动互联网的红利，但不可能取得根本的突破，不能真正地创造价值。推荐引擎我们是不会，但我们可以学啊！"

会议之后，张一鸣联系了项亮。项亮毕业于中科大，此时正在Hulu公司负责食品推荐研究方面的工作。2010年3月，在ResysChina推荐系统大会上，他受到影响和启发，开始写作《推荐系统实践》。张一鸣想要从他那里拿到电子版书籍，学习开发推荐引擎。项亮无奈地说，书还没有正式出版，不能分享电子版。张一鸣索性自己上网找资料，然后自己摸索着写出了今日头条的第一版推荐引擎。

在"务实浪漫"的吸引下，张利东加盟了字节跳动。

2013年9月，今日头条的第一轮融资即将告罄，广告费用成为唯一可获收入。在张利东的支持下，张一鸣开始尝试在今日头条发布个性化推荐信息流广告。

此前，业内人士普遍对移动互联网广告缺乏信心，原因在于认定手机屏幕小，不适合展示广告，更不适合展示品牌广告。

但"二张"却更加务实。张利东告诉张一鸣，用户反馈的邮件箱里，经常有人说想来打广告，尽管单笔价格很多都不超过5000元，但这让他非常有信心。张一鸣想到，既然有这么多需求，说明客户肯定有实际需要，不如直接试试。

他们很快联系到国美的北太平庄店洽谈广告业务。此时今日头条甚至还没有广告系统，只得对信息流直接动手，将广告素材数据和地理位置范围投放进行硬编码，"塞"到业务代码里面。为了向客户证明广告有效，他们还设计了验证闭环：用户刷到广告后，点击收藏文章，带着文章去这家店消费满200元，就能拿到食用油礼物。

刚开始，张一鸣将广告推送半径设为门店周边3公里，一个上午过去了，没有用户出现。

"将半径扩大到10公里。"张一鸣推了推眼镜。

不久之后，国美传来消息，说有十几个客户过去了。

张利东和张一鸣的脸上有了笑容。推送范围继续扩大，辐射范围向北抵北五环，向南到南二环。国美北太平庄店迎来 100 多个客户，所有礼品都送出去了。

这次小小的尝试，看似只是今日头条商业化的开端，但却开启了中国移动互联网的广告新时代。其成功来自字节跳动对市场需求的敏感捕捉，同时又得力于其果敢大胆的想象力。在互联网门户网站广告铺天盖地、短信和邮箱垃圾广告依然吵嚷的 2013 年，敢于用硬编码的方式，在个性化推荐信息流中塞入广告。这种点子，只有"浪漫"的张一鸣才能想得出来，也只有创业团队被逼到山穷水尽时，依然保持务实端正得技术精神，才能将这个点子执行成功。

当字节跳动的员工人数越来越多，务实的浪漫精神得到了传承与放大。

2018 年，张一鸣和高管团队谈论加快字节跳动国际化的进程。不久之后，有个同事直接向他汇报，说自己下周就去印度调研了。几天之后，张一鸣发消息，问同事到了德里还是班加罗尔。同事的回复让张一鸣大跌眼镜，原来他匆忙间拿错了工作证件，带着 APEC（环太平洋）证去了印度，结果被海关拦住，不得不回国。

一周之后，这位同事还是如期踏上了印度的土地。张一鸣在抖音里看到了他坐着印度三轮车的小视频，表情开心欢乐。不久之后，这位同事在印度完成了许多行业的分析和调研，为字节跳动招募了大量候选人。张一鸣坦承，自己也搞不懂他是如何做到的，毕竟他的英语能力也不强。

受到张一鸣的影响，字节跳动有许多充满激情的"同学"。他们如同和事业恋爱，像追逐"女神"那样追逐成功，他们很少考虑时间、空间、资源、能力，而是感受着用户与市场的需要。当他们前进时，如鼓起双翼的鸟，想的是不断上升与远行，为自己和团队不断寻求新的可能。这一切都来自张一鸣的创业性格，其中不只有冷静理性，更有着追求浪漫、挑战不可能的激情。

当激情大张旗鼓地表达时，张一鸣想到用字节跳动正式作为企业的品牌。

品牌与责任之变

2018年8月初,北京的夏天充满了生机。海淀区中航广场内人来人往,忙碌一如往昔。当他们在广场院内的二层楼前停下脚步,蓦然抬头,显著的变化映入眼帘:硕大而崭新的"字节跳动",取代了原来的"今日头条"。

对这栋楼,字节跳动的老员工们再熟悉不过了。

2016年2月28日,字节跳动刚成立3周年,就搬到了中航矮楼。对初来乍到的这群人而言,这座建筑物"大到恐怖",二层矮楼挑高14米,单层面积达到5000平方米。很多员工说:"刚搬来时,觉得像到了迷宫,去趟厕所,回来就找不到自己的工位了。"此时,楼外悬挂的,是红白相间的"今日头条"标识。公司对外也都以"今日头条"作为品牌宣传。

2年不到,张一鸣主导了对公司品牌的升级。从2018年4月末开始,他首次以"字节跳动CEO"的身份发表公开演讲。同时,他在公司内部信中宣称,公司在全球范围内拥有多款有影响力的产品,今后公司层面将使用"字节跳动"作为品牌,不再以"今日头条"代表公司整体品牌。

与此同时,张一鸣领导旗下产品进行品牌升级。4月,今日头条App的口号,从"你关心的才是头条"升级为"信息创造价值"。在具体的解释中，张一鸣宣布，公司未来将会致力于连接任何信息，在促进信息的高效、精准传播中，坚持正确的价值导向。今日头条将作为信息分发平台，一如既往地致力于传播有价值的信息，并通过连接人与信息，来创造新的价值。3个月后，品牌更换水到渠成，悬挂在中航矮楼的品牌标识，也由"今日头条"变成了"字节跳动"。

新的标识不仅包含了字节跳动的中英文公司名，同时还加入了四条竖线图案。位于左侧的四条竖状线条，代表着电脑编程中的"输入光标"。线条长短不一、高低不同的设计，突出了"跳动"感，并在视觉上形成了左b右d的形象效果，暗合"字节跳动（ByteDance）"的英文首字母缩写。新标识与今日头条的红白配色不同，为了体现年轻化、国际化和科技感，特地采用了蓝绿配色。最终呈现的蓝绿色系更为轻量级、年轻态，在全球范围内有更广泛的接受度。

用"字节跳动"取代"今日头条"，作为公司整体品牌名称，不只是名称的改变，更彰显张一鸣的决心。他意识到，今日头条作为App矩阵中的一员，其承担的任务与发挥的作用，与早期布局时的引流平台相比，已经发生了变化。作为一款产品，今日头条不可能永远保持初期攻城略地的迅猛气势。如果还是将所有产品都放在今日头条"一个篮子"里，就可能会遮挡这些产品可能迸发的光辉。另一方面，张一鸣还将目光投向更远处，他希望在公司业务全球化过程中，能针对不同市场，采取符合当地需求的本土化运营策略，为全球用户提供统一的产品体验，打造全球创作与交流平台。这样的愿景，远非"今日头条"这个名字所能涵盖。

品牌名称正式更换之后，张一鸣开始完成个人的责任更替交接。

2018年11月17日，今日头条生机大会在中国电影导演中心举办。这已经是今日头条第4年举办创作者大会。前3年做开场演讲的都是张一鸣，但这次站在舞台上迎接所有人的，是今日头条软件的新CEO

陈林。

陈林，1983年出生，北京大学计算机硕士毕业，是这家公司最初的创业团队成员，先后担任多款核心产品的产品经理。他低调、务实，而且没有架子，业余爱好爬山。

这次大会上，陈林对外具体阐述了今日头条的生态升级计划，分别是深耕粉丝生态，帮助优质创作者更好变现；推出小程序，引入更多平台生态建设者；开放技术模型，与行业一起提高平台生态标准。

令参会者略感失望的是，他们始终未能等来张一鸣的演讲。这也是张一鸣首次没有出现在这个专门为内容创作者量身打造的年度大会上。大会结束后，大家很快了解到，张一鸣的职位其实并没有任何变化，改变的只是头衔。在"今日头条"这个产品主体，他是创始人；对"字节跳动"，他是创始人兼CEO。陈林只不过在此时被新任命为"今日头条"的CEO。

人们恍然大悟，大会所传递出的人事信号，意味着字节跳动从组织架构的层面，官方确认了双轮驱动的组成模式：一个轮子是内容分发平台今日头条，另一个轮子是短视频社交平台抖音。张一鸣不再与今日头条画等号，因为他驾驭的是字节跳动这辆战车，而不是今日头条那个轮子。

其实，关于张一鸣担任今日头条CEO的职位问题，在公司B轮融资之后，就曾有过一丝"松动"的传言。当时，有投资人曾在私下场合问牵头了A轮投资的王琼，是否要在B轮融资之后引进新CEO。王琼当场否定，认为投资人低估了张一鸣的能力，并认为他的学习能力让他不会局限在某个方面。

张一鸣自己面对外界关于CEO职位的问题时，也自信地说道："我被取代的概率不大，因为我是在这件事（今日头条）上花的时间最多、持续思考最多的人，我对这家公司最熟悉，每天都在这里不断思考，在整个过程中非常投入，不太可能成为对这家公司没用的人。"

尽管如此，在 2017 年 12 月 15 日，张一鸣接受《财经》记者小晚采访时，还是说出了后面看来并不恰当的话。他说："媒体是要有价值观的，它要教育人、输出主张。这个我们不提倡，因为我们不是媒体，我们不创造内容，我们不发表观点，我们更关注信息的吞吐量和信息的多元。"这段话后来被提炼为"算法没有价值观"，成为代表了今日头条与其创始人负面问题的标签性文本，很大程度带来了 5 个月之后的整改风暴。鉴于今日头条已经拥有 1.5 亿月活跃、7000 万日活跃用户，成为移动互联网内容聚合和分发的重要渠道，这样的话语无论是有心还是无意，必然会引发主流媒体与社会的哗然舆论。

因此，一方面，面对即将到来的全球化战役，张一鸣不可能像之前那样，总是事无巨细地扑在今日头条之上；另一方面，为了避免负面影响不利于今日头条乃至字节跳动的品牌塑造，张一鸣必须做出选择。通过改换品牌名称、更换品牌口号、卸任今日头条 CEO，他就能有更多精力放在字节跳动的全球战略布局上。只有全球化，字节跳动才能全力突破国内 BAT 三家企业的重重围困，获得新的生机。

三十而立，四十不惑。2018 年末，即将奔四的张一鸣正值发力阶段。卸任今日头条 CEO 一职，并非让贤，而是选择承担了更大的责任。不变的是，他将付出更多的思考与努力。

直面新世界

2013年3月,在字节跳动终于迎来第40位员工的时候,30岁的张一鸣作为CEO,接受了媒体的第一次采访。那篇文章现今依然可以在网络上看到,将他形容为"爱冒险的技术宅",这树立起张一鸣与以往所有知名中国企业家截然不同的形象,使他看起来更像来自硅谷。正是在这次采访中,张一鸣透露,"从去年就开始考虑海外计划",而且"通过前期调研结果来看,是可行的"。

彼时,字节跳动的主力产品只有今日头条,刚刚上线8个月左右,张一鸣就提出进军海外的愿景,让所有人都难以想象。类似的事情在中国互联网创业史上多有发生,最有名的是马云在阿里巴巴创立后的第一次年会上,就几近"狂妄"地提出了华尔街上市计划。

2016年11月,在乌镇西栅景区,张一鸣从景区的巷子里转弯,走进了"转角遇见"咖啡馆。在那里,他见到了《解放日报》上观新闻的记者,并首度公开了字节跳动正式的国际化愿景。

张一鸣说:"中国的互联网人口,只占全球互联网人口的1/5,如果不在全球配置资源,追求规模化效应的产品,1/5无法跟4/5竞争,所以出海是必然。"

话里有话,从诞生以来,字节跳动始终在面对BAT国内三家大企业的围追堵截,同时还要提防新的追赶者出现。

当今日头条崛起后,百度迅速开展信息流广告业务,被外界赞誉为"多出一个今日头条"。在信息流领域,两家对战的格局迅速形成。对头条系而言,百度信息流广告的迅速崛起,使其在营收和用户增长方面均面临较大的外部挑战。

与此同时,腾讯也携腾讯新闻、天天快报、微信公众号等平台强势介入,以"100亿流量、100亿资金和100亿产业资源"重金投入,在流量和变现、投资孵化、线下文创基地等领域全面扶植内容创业者,更是被视为"打头条"战略。

阿里则推动了 UC 浏览器转型信息流平台,吹响了进击信息流广告市场的号角。

BAT 的动作,抢夺着今日头条优质内容创作者资源,并一定程度上分割今日头条的流量,使流量争夺战更加激烈。

今日头条流量可以被看成字节跳动的总流量池。巨头围困之下,让字节系其他产品也很难在国内保持之前的高增长率。字节跳动接下来的目标,一方面是精细化运营国内已有的业务,稳固后方;另一方面是快速进击海外市场,这才是真正的增量市场。换而言之,张一鸣打破现状的最好办法,就是凭借和其他中国互联网公司不同的出海策略,更大步伐走向全球市场。

在此次采访的前 1 年,字节跳动已开始了国际化试水,推出了今日头条的海外版 TopBuzz。这是一个展示视频、文章、突发新闻和图片的内容平台,在推出后进入了美国、巴西和日本市场。张一鸣已经开始疯狂练习英语,期待自己能一改"蹩脚英语"的演讲水平。

试水获得的市场反响不错,张一鸣的英语表达也变得越来越流利。字节跳动如同展现出獠牙的年少巨兽,开始以 Build Buy(自建与收购)的方式在海外疯狂扩张,其特点是以大刀阔斧的投资来购买流量。

2016 年 10 月,字节跳动投资了印度本土最大的内容整合平台 DailyHunt。这款移动 App 产品,拥有上千家内容提供商,能以 14 种印度语言获取各种内容,在 2015 年底成为印度最大的电子书发行商。

2016年12月，字节跳动投资了印度尼西亚的新闻推荐系统BABE，这是印度尼西亚最受欢迎的新闻整合平台。

2017年，随着抖音短视频的迅速火爆，字节跳动开始以投资形式涉猎全球短视频分享市场。同年2月，他们收购了北美短视频社区Flipagram，这是一个能够让用户分享带音乐的短视频和图片的应用，当时在全球有几千万的月活跃用户。2017年11月，字节跳动收购了成立于中国、主营美国市场的App产品musical.ly。

收购musical.ly，是张一鸣海外收购史中最精彩的篇章。当时，中国人阳陆育创建的musical.ly，已经进入美国、英国、德国等国家，全球范围内累积注册用户达到2.4亿，全球日活用户达到2000万。无论是产品界面还是内容调性，都和抖音出奇地接近。

收购musical.ly，让今日头条等产品获得了通往海外的重要通道，直接解决了抖音的后顾之忧。2018年8月2日，musical.ly与抖音国际版（TikTok）宣布联合推出全新的全球短视频平台。新平台沿用TikTok的名称，为全球用户提供统一的产品体验，发布全新的logo和产品交互界面。新TikTok上线后立即获得了App Store全球推荐，在短短3个月内就获得了3000万用户。

musical.ly的收购与TikTok的推出，证明字节跳动开始进入全球化的第二阶段，即自有产品海外孵化的逐渐成熟，并将之与收购项目的业务相互融合，实现粉丝群的迁移与稳定。

这一年，字节跳动还收购了猎豹移动旗下新闻聚合平台NewsRepublic、主打东南亚市场的移动短视频App Vshow（我秀时代）等。这些行动，使字节跳动进一步扩大个性化推荐新闻领域的产品布局，帮助初出茅庐的抖音获得更多运营经验与国际市场。从更长远的意义来看，字节跳动开始顺利地突破国内的互联网市场格局，参与到海外市场蛋糕的分享中，并逐步显露出构建海外内容矩阵的野心。

国际化的突围之路，几乎可以说是用钞票铺就的。除了大力投资并购外，字节跳动在海外市场的推广可谓挥金如土，深刻诠释了张一鸣所信奉的商业路径"先花钱，再赚钱"。

2018 年，字节跳动在全球推广 TikTok，共花费支出接近 10 亿美元。仅在 Google Ads 这一家平台上，字节跳动就花费了 3 亿美元进行推广。据说，由于这笔推广成本太过高昂，导致字节跳动 2018 年整体亏损了 12 亿美元。但可谓立竿见影，2019 年第一季度，抖音及海外版 TikTok 的新增用户数量达 1.88 亿，较 2018 年同期增长 70%。在全球范围内的下载数量攀升到总榜第三，仅次于 Facebook 公司的 WhatsApp 和 Messenger。

在数量增长的基础上，TikTok 品牌影响力的增长更为明显，它成为第一款在真正意义上震动了全球市场的中国科技产品。中国的年轻人惊喜地发现，美国、日本、韩国的不少流行歌手需要在 TikTok 上进行宣传，为歌曲发行造势，而那些国外网红们也争先恐后地对中国网络文化加以模仿和再创造，以此挤进 TikTok 全球热门排行榜的前列。

与微信和支付宝的出海不利相比，TikTok 的海外突围可谓成绩斐然。然而，世界上没有那么多的巧合与好运，其中过程也并非一帆风顺。

2019 年 11 月 1 日，大洋彼岸传出消息，TikTok 被美国外资投资委员会（CFIUS）启动调查，原因是两年前字节跳动收购 musical.ly 时，并未向美国投资并购委员会寻求许可。显然，在时隔两年后提出这一程序性问题，证明了调查者"醉翁之意不在酒"，与其说是关注程序本身，不如说有人担心 TikTok 作为短视频信息分发平台，会影响到美国的经济、政治、社会和文化等多个方面。

在这些人中，脸书创始人扎克伯格是表现最明显的一个。早在 2018 年接受国会质询时，他就言之凿凿地说，分拆脸书将会壮大中国互联网公司。而 2019 年 10 月，他在华盛顿一所大学演讲时再次强调："以前互联网都是美国巨头，现在全球前十大互联网巨头公司中，中国互联网公司已经占据 6 家。"他直接以 TikTok 举例，证明中国互联网企业的崛起，将是对美国的直接威胁。

实际上，扎克伯格格外针对 TikTok，印证了他对张一鸣的重视。扎克伯格曾评价过中国互联网公司的海外扩张，认为腾讯和阿里巴巴的全球扩张是非常有限的，但字节跳动创建的 TikTok 则截然相反。无论在美国还是印度，TikTok 都取得了非常不错的成绩，尤其在年轻人中成长很快，而在印度的下载量甚至超过了脸书。

扎克伯格没有说出口的是另一件事。当 musical.ly 已成为美国最红的音乐短视频社交平台时，他经常在上面和 musical.ly 的 CEO 阳陆育互动，以至于有传闻说脸书即将收购 musical.ly。结果，还没等扎克伯格反应过来，张一鸣就抢先孵化出抖音，又反过来收购了 musical.ly，在扎克伯格看来，这算是不小的遗憾。正因如此，2018 年，为了对标 TikTok，脸书专门开发和推出了一款名为 Lasso 的 App 产品，并首先在 TikTok 影响力不大的国家和地区推出。不过，这款产品看起来并没有阻挡 TikTok 的登顶之路。

被扎克伯格视为"眼中钉"的字节跳动，自然要面对巨大的压力，但同时这也是属于独角兽企业的"荣誉光环"。而在扎克伯格的身旁，虎视眈眈盯着字节跳动的还有谷歌、推特等跨国数字媒体巨头。这个"复仇者联盟"，将使出更强有力的手段，在海外发动与字节跳动的直接竞争。

走向新世界的过程中，张一鸣必须面对新的压力，面对险象环生的环境，稍有不慎，这家企业就将腹背受敌。对此，张一鸣告诫团队和自己："如果你是一个全球的平台级公司，责任就更大了。各国面临各种各样的环境，全球各地的政策、法规、文化差异非常大，作为一个全球平台，还要遵守各国的法律法规，尊重各国的公序良俗。"

私下里，张一鸣将公司的发展比作列车，全球化则相当于更换轨道。在高速行驶过程中，驾驶者需要握紧方向盘去修整方向，同时还不能停下调整汽车，更不能减速。在字节跳动和张一鸣眼中，只有向前走这一条路。

最大独角兽的资本路程

字节跳动绝非被资本催生的独角兽公司。实际上，它的故事恰恰能证明再资深的投资者，也有"看走眼"的时候。很多人因为错过它而遗憾不已，其中就包括国内互联网大佬周鸿祎。

但张一鸣无暇去关注有多少人错过自己，字节跳动规模的迅速扩大，使他成为资本市场上新的明星。

从 2012 年 7 月到 2018 年底的 6 年多时间里，张一鸣率领字节跳动陆续进行了 7 轮融资。其中最后 3 轮募资，均以 10 亿级美元为单位。资金总规模近 60 亿美元，投资方包括红杉资本、DST、软银愿景基金、春华资本、KKR、建银国际等。2018 年底完成 Pre-IPO 融资后，字节跳动的估值已经高达 750 亿美元，5 年估值增长 1250 倍。对比目前在美股和港股上市的互联网大企业，除了阿里和腾讯两大巨头市值遥遥领先之外，字节跳动可以凭借这一估值，在所有中国互联网公司中名列第三，超出了当时市值第三的美团将近 250 亿美元的差额。

作为首屈一指的独角兽企业，无论如何低调，张一鸣与字节跳动的一举一动，都是资本市场关注的焦点。对张一鸣个人而言，字节跳动估值的不断膨胀当然是好事，在创立该公司 7 年后，他早已不是普通的软件工程师，而是以 1146 亿元的身价，荣登 2019 年度福布斯中国富豪榜第 10 位。不断高升的企业估值，也给他的事业发展带来了前所未有的压力。让企业持续保持高速增长，才能确保公司估值水涨船高，让资本方感到满意。

据说，字节跳动公司进行 pre-IPO 融资时，曾与部分投资者签订了对赌协议，并承诺其 IPO 估值达到 900 亿美元。为了实现这个目标，张一鸣必须不断对外深挖商业价值、对外大规模扩张。因此，虽然表面安静如常，但 37 岁的张一鸣，必然要在独处时面对风起云涌的内心躁动。

张一鸣始终在为资本的到来而布置。从 2012 年创立以来，张一鸣就带领字节跳动在内容创业、企业服务、教育培训、文娱社交等领域不断攻城略地，不仅依靠自建产品，也凭借投资的近 60 个项目，迅速扩张版图，建立企业的护城河。

字节跳动的对外投资布局，大致可以分为三条主线：第一条与主营业务相关，即内容资讯、社交社区方向；第二条线看起来与人们熟悉的字节跳动不同，包括教育、金融和游戏领域投资；第三条则属于更多着眼于策略的财务投资。

与主营业务相关的投资，围绕早期的字节跳动展开，布局集中在文娱、传媒、社交等领域。从 2014 年底开始，张一鸣相继投资或并购了大量内容产品，包括图虫网、花熊、新榜、财新世说、30 秒懂车、每天读点故事、极客公园、餐饮老板内参、东方 IC、快看漫画、新智元、机器之心等。此外，还投资了多个省份的广告代理，为客户提供广告营销业务。

当海外投资产生一定成效后，从 2018 年年中开始，张一鸣将投资注意力转回国内，他将目光集中在教育领域。2018 年 4 月，字节跳动先后投资并购了安心家庭、晓羊教育、AIKID、The Minerva Project、清北网校等教育产品。到 2019 年收购锤子科技，也有斩获硬件领域资源以应用于教育领域的意图。

与教育领域投资相比，字节跳动虽然在金融等领域也有一定投入，但这些投入更像是财务投资，通过获得流量与内容的支撑，继续实现字节跳动的利润，在上市之前营造增长的神话。

张一鸣的投资触手，甚至还涉及风险投资基金方面。2018年年底，一条消息引起了国内投资圈的注意。这条来自外媒的报道说，字节跳动正打算建立一个100亿规模左右的风险投资基金，主要投向人工智能和内容领域。据知情人透露，这支百亿基金字节跳动出资20亿元，剩下80亿将对外募集。随后，字节跳动官方回应：不予置评。

字节跳动从零起步，对外投资的成绩离不开强大的人才储备。数年来，协助张一鸣完成对外投资的，是字节跳动投资团队。这个团队颇为神秘，负责人严授2011年从清华大学自动化专业硕士毕业，两年后加入腾讯战略合作部，2015年10月加入字节跳动，曾经担任过张一鸣的业务助理。严授直接领导着16个人的投资精英团队，而这个团队之下总共有40多名员工，负责字节跳动的对外投资事业。这个团队不断用资本夯实字节跳动的产品领地。正是在大规模的收购下，企业对外投资的精准度才得以不断提升。

2020年3月30日，资本市场传来了更有利的消息。美国老虎环球基金向投资者宣布，在过去的21个月中，以低价购买了字节跳动的股权。据说，他们一开始以375亿美元估值入股字节跳动，后来通过在二手市场收购更多股权，增加了对字节跳动的持股比例。随后，媒体爆出字节跳动因此获得了900亿~1000亿美元的估值。

从这年开端起始，全世界面对着接踵而来的各种负面消息，但对字节跳动来说，这似乎是逆势增长的年度。在全球新冠病毒疫情中，字节跳动的海外短视频和在线办公产品大为受益。2月，TikTok的下载量达到1.13亿次，创下有史以来单月最高纪录，全球总下载量逼近20亿次。伴随千亿美元估值的传闻接近成真，人们推测，张一鸣可能随时宣布字节跳动开启上市的征程。

但张一鸣时常表现得与外界的想象不同。创业以来，他从没有表现过对上市的急迫感。2015年年底，他面对一份权威的产品用户数榜单，看见今日头条是前20名中最年轻的产品，也是唯一一家2010年后成立公司所发布的产品。同事们也发现了这份榜单，开始激动和憧憬，私下里纷纷传言，是不是应该上市了？但张一鸣在年会上郑重其事地说："今日头条是一个非常大的东西，对特别大的东西的演化，要有耐心。"

无论字节跳动的上市何时开始，张一鸣都必须面对最强大的对手重围，都必须坚决地将海外之路走下去。

新高管团队，重整国际化征途

尽管在社交和电商领域受阻，但张一鸣的2019年不负众望。这一年，字节跳动的营业收入超过1400亿元，同比增长约180%。2020年，字节跳动的收入目标高于1800亿元，预计同比增长30%~40%。如此体量的独角兽企业何时上市，不可避免地成了全世界关注的焦点。

但在上市之前，张一鸣还有一件更重要的事情要做，那就是让字节跳动进一步国际化，成为全球性的互联网企业。

此时，字节跳动旗下产品全球月活跃用户数已经超过15亿，业务覆盖150个国家和地区、75个语种，公司办公地址遍布全球30个国家地区、180多个城市。为了更全面、更快速地推动国际化进程，张一鸣必须有所行动。

2020年3月12日，张一鸣发布全员信，宣布即日起张利东担任字节跳动（中国）董事长，作为中国职能总负责人；抖音CEO张楠将担任字节跳动（中国）CEO，作为中国业务总负责人。两人均向张一鸣汇报。张一鸣主要精力将转向海外业务的组织架构搭建。

具体安排是：张利东将全面协调公司运营，包括字节跳动（中国）的战略、商业化、战略合作伙伴建设、法务、公共事务、公共关系、财务、人力等。抖音CEO张楠则将担任字节跳动（中国）CEO，作为中国业务总负责人，全面协调中国业务的产品、运营、市场和内容合作，包括今日头条、抖音、西瓜视频、搜索等业务和产品。

作为创始人，张一鸣将担任字节跳动全球 CEO，花费更多精力在欧美和其他市场，与 TikTok 首席执行官朱骏一起完善全球管理团队。在此信息公布的前一天，字节跳动刚对外发布了最新的企业文化，新增了"多元兼容"。

做出这个决定，主要是因为字节跳动国外的治理结构比较复杂，而国内团队已经比较成熟，调整能够进一步下放权力给管理层。同时，张一鸣将亲自做实做足包括美国在内的海外业务。

从 2019 年年底始，包括前华纳音乐集团高管 Ole Obermann、前微软首席知识产权顾问 Erich Andersen、网络安全专家 Roland Cloutier 等在内的海外高管，先后加入字节跳动，为字节跳动的国际化助力。接手中国业务的张利东、张楠，则堪称张一鸣的左膀右臂，也是字节跳动国际化进程的重要领导者。

张利东，曾担任京华时报社社委副总裁，被朋友称为"传统媒体人中转型最成功的人士"。与张一鸣相似，他很早就意识到网络对纸质媒体的冲击。2005 年时，他以汽车行业记者的身份做客网易汽车"广州车展记者专访"活动，意识到网络对纸质媒体的冲击。后来他回忆说："网络对我们纸质媒体的冲击非常大，现场直播车展，很多人到不了现场也能关注到。像我们纸质媒体的信息就很滞后了，最起码是第二天。"这样的感慨，为他后来转型进入互联网行业埋下了伏笔。

2013 年，张利东离开《京华时报》后，就加入了今日头条。那时，还没有多少人能看清张一鸣日后将取得如何精彩的成就，但张利东抓住了大势。加入字节跳动后，他先后担任公司合伙人、高级副总裁，全面负责商业化相关业务。他推动孵化了懂车帝、幸福里、穿山甲以及部分休闲小游戏等产品，还主动成立了营销服务品牌巨量引擎，服务今日头条、抖音、火山小视频、西瓜视频、懂车帝、Faceu 激萌、轻颜、穿山甲等产品的营销和变现。这些仅是他被张一鸣看重的部分理由，另外还离不开的是他在商业化团队中的表现。

在字节跳动三大核心职能部门中，规模最大的是商业化团队。早在 2015 年时，商业化团队就由张利东负责，他将纸媒广告的招商方法复制到字节跳动，以直接客户和地推的方式扩大广告营收，这种曾为纸媒打下辉煌江山的方法，也在算法时代神奇地大放异彩。

从张利东接手商业化团队开始，字节跳动的广告营收逐年增长，2016 年为 60 亿元，2017 年为 150 亿元，2018 年达到 500 亿，而 2019 年字节跳动总营收大约为 1200 亿元，抖音收入 500 亿元。虽然这是整个字节跳动规模增长的结果，但也与张利东的兢兢业业密切相关。

即便身为字节跳动的二号人物，张利东日常依旧温和低调，与之相反的，是他严厉乃至激进的另一面。字节跳动对外的"口水战"中，总会有张利东的身影。

2016 年，某个第三方数据公司宣称今日头条的日活跃用户只有数百万，张一鸣认为该数据并不客观、准确、中立，于是禁止公司任何部门与之有任何合作。张利东随后发朋友圈，称这家公司为"所有第三方数据公司里面最垃圾的，我为门户时代互联网行业能容忍这样一家低级公司的存在感到耻辱"。从某种程度上看，这样的一面，恰好弥补了张一鸣某些性格不足和角色不便，也展示出字节跳动带来的强大自信与士气。

让张利东接替自己原先的位置，再将带领抖音从零做起的张楠放在 CEO 岗位上，张一鸣有足够的底气与精力，从企业日常经营中抽身而退，转向全球管理团队的完善。

2020 年，张一鸣在字节跳动打造出新的高管团队。表面上的放权，实际上是将眼光投往更广阔的世界舞台，在他手中，将要管理的不是今日头条，不是抖音，而是一家梦想中的超大型全球化企业。

退居幕后，把握生态平衡

2020 年的夏秋之交，注定是张一鸣和字节跳动要面对的不平凡之季。2020 年 8 月，时任美国总统的特朗普突然签署行政命令，要求禁止美国个人和实体与字节跳动进行交易，字节跳动必须在 90 天内剥离 TikTok 的美国业务。同年 9 月，特朗普再次强调，TikTok 或者被关闭，或者被出售，时间不能迟于 9 月 15 日。

乌云压城，突如其来，但张一鸣并未放弃抗争。随后，TikTok 在美国提起诉讼，控告这一系列行政命令违法。2020 年 11 月，由于费城等地方法院的判决，美国商务部决定暂不执行相关禁令。

事情悬而未决。直到 2022 年 3 月，字节跳动仍然在寻找各方都能接受的方案，其中就包括了同美国甲骨文（Orcale）合作，以保证在美国本土储存美国用户信息的可能性。

这场至今尚未解决的风波，对张一鸣带来了怎样的内心冲击？我们很难完全揣测。2020 年 3 月 12 日，张一鸣还在全员内部信上踌躇满志地宣布，自己要以字节跳动全球 CEO 的身份，将时间和精力更多地投入到欧美和其他市场。仅仅 100 多天后，特朗普毫不留情地发难，促使张一鸣以更为清醒有力的目光，去观察和判断全球互联网产业的发展环境。

与此同时，字节跳动资本版图的扩张趋势，也证明了张一鸣战略重心的回归。2021年，字节跳动在国内投资数量达54起，其中既有围绕资讯内容、短视频、直播等领域的投资，也有游戏、企业服务、电商、医疗、房产、芯片、金融、机器人等领域的投资，勾勒着字节跳动增长曲线的新维度。不断追加的投资中，字节跳动的疆域越来越大，每一条业务线的边际上，人们都能看到预防竞争的壁垒拔地而起，日益增高，捍卫着张一鸣所经营的公司。

有新纳入版图的疆土，就有被荒废的堡垒。

2015年，字节跳动有了金融业务团队，两年后该金融业务团队推出了"钠镁股票"App，主要提供股市资讯、行情数据。2019年，该软件改名为海豚股票。然而，这一App并没有向股民们提供真正想要的服务价值，截止至2021年9月，注册用户数也只有1200多万，月活量只有30多万。

2022年2月，海豚股票被华林证券全资收购，字节跳动也宣布开始完全剥离证券业务。

和海豚股票命运相同的App还有一堆，包括新草、值点、飞聊、悟空问答等这些曾被外界看好的项目。其中，悟空问答甚至让很少亲自为App站台的张一鸣都下场助过威，还烧掉了字节跳动20亿元的内容补贴。然而，随着其月活用户量的不断下降，最终只能是战略放弃。

此时的张一鸣，早已不再是当初将注意力放在一两个App上的创业者了。与其将他看成企业领导者，不如将他定义为一种新的投资人角色。数年来，他带领的团队，只要发现新风口，就会在他亲手搭建的企业系统里上马新项目。随后，这些项目相互PK，直到走出抖音这样的奇迹。

2020年之前，"大力"是搭建新系统时的付出，而"奇迹"则要交给系统内部自我循环与淘汰。2020年之后，张一鸣对"大力"的诠释，恐怕将会演绎出一份新的内涵，那就是对字节跳动商业生态系统稳定性的维护。这种维护并不一定需要像创业时那样的艰苦奋斗，却要有一种对平衡感的极致敏锐，以此指挥整个企业在新时代各类变化的浪潮中游刃有余，而不影响内部 App 孵化流水线的安定运行。

2021 年 5 月 20 日，张一鸣用内部全员信宣告，他将卸任字节跳动 CEO 职位，并由联合创始人梁汝波接任，成为新的 CEO。在信中，张一鸣表示，他希望公司能有更大的创新突破、拥有更多的创造力。因此，他将放下公司的日常管理，聚焦于远景战略、企业文化和社会责任等长期重要事项，计划"专注学习、系统思考，研究新事物，动手尝试和体验，以十年为期，为公司创造更多可能"。

关于旅行，张一鸣曾这样说：旅行的部分意义，在于进行时空切换，将主体当成客体，重新审视自己和生活本身。而这次卸任，也被他看成更高层面的视角转化。在内部全员信的末尾，张一鸣平静地说，他将更容易从外部视角来观察公司，而公司的日常管理，应该由比他更合适的人来改进。

2021 年 11 月，半年左右的交接后，张一鸣正式退居幕后，梁汝波闪亮登场。这对曾经在寝室内一同埋头电脑屏幕前的好兄弟，完成了字节跳动这艘大船的舵位交接。

梁汝波很快完成了组织架构调整，正式宣布了公司的六大业务板块：抖音、大力教育、飞书、火山引擎、朝夕光年和 TikTok。其中，抖音包括了头条、西瓜视频、搜索、百科和国内垂直服务业务；朝夕光年则负责被寄予厚望的游戏研发与发行业务。

梁汝波带来的变化不止于此，字节跳动正朝向生态闭环的目标加速前进。

2022 年 2 月中旬，抖音将音乐开放平台进行品牌升级，以"炙热星河"的品牌，为音乐人提供各类平台基础服务。随后，抖音旗下的音乐 App "汽水音乐"开始测试。一直以来，抖音都是各类网红神曲的诞生源头，很多原本接近被人遗忘的老歌也在这里复活。然而，由于版权等限制，用户总是将抖音看成提供音乐的渠道，借助其提供的碎片信息，跳往腾讯和网易等音乐平台。自家的平台打造流量，而流量却被其他平台收割，这让字节跳动如鲠在喉。梁汝波上任后的第一件事，就是补全抖音生态闭环中缺失的重要环节。

实际上，抖音生态闭环中的电商和本地生活环节，也得到了积极的弥补。"抖客"开启，该服务能以众包形式，通过口令链接，将用户从站外引流到抖音直播间。在淘宝网上，这种引流方式，曾经为淘宝带去一般的用户流量。至此为止，抖音电商的闭环大功告成，站内店铺、独立电商 App "抖音盒子"、自主物流和供应链公司、自主支付系统……将抖音彻底变成了真正的电商软件。

更大的变化令人意想不到。2022 年 1 月 19 日，消息传出，字节跳动在年度对业务盘点分析后，解散了战略投资部门，决定加强业务聚焦，减少协同性低的投资。这很可能意味着，大规模的投资出击已经暂告段落，张一鸣奋力拿下的经营版图已足够庞大，而梁汝波将扮演深耕细作的角色。与此同时，将会有更多维护企业生态稳定的重任，交给已经清空微博、深居简出的张一鸣。

从创立这家公司，到如今悄然隐退，无论是个人创业还是财富积累，张一鸣都堪称成功者。但是，字节跳动不可能摆脱他的影子。这家值得中国人关注与祝福的世界级互联网企业，能否不断延续过去的辉煌，能否为全世界带来下一个抖音，我们还将拭目以待。

第八章

运营，以人为核心

  有人说，CEO对人的思考有多深入，企业就能走多远。张一鸣并非天生的领袖，在估值近千亿的企业里，他作为领导者的直观形象，似乎单薄乃至无趣，平静的表情、平和的话语、平实的成长轨迹、平滑向上的财富增长数字……正如扎克伯格，他也曾被网络舆论讽刺为"机器人"。

  但这些，很可能都是单纯基于外表的误解。字节跳动发展至今，无论投资者、创业伙伴还是高管团队，与张一鸣之间都没有任何不欢而散的传闻，甚至字节跳动里为数不多的离职发声的员工，也从未有过对张一鸣或公司的任何负面言论。这绝非不懂得人的企业家所能做成的。

像 HR 那样创业

在张一鸣与字节跳动的对比中，总是存在着各种奇妙的矛盾：张一鸣个人严谨保守，但公司的激进打法早已全球闻名；张一鸣没有什么嗜好，而公司的产品却经常被抨击成"上瘾机制"和"信息茧房"；张一鸣推崇对自我的精准控制，但创业本身就充满了风险性与偶然性……

在自我确立与修正企业的过程中，张一鸣以 HR 的姿态去招人用人。他真切地知道，只有借用他人的力量，才能弥补自己的不足，再用人与人之间形成的机制和组织，弱化与平衡他与公司之间的类似矛盾。

字节跳动业务发展早期，张一鸣亲自担任 HR。他招人用人的主要出发点只有一个，就是要补齐业务短板。大学毕业之后，他有近 7 年的工作或创业经历，此时他谙熟的仍然是研发和产品。在此之外，他需要更多专业人才。他的人才引进原则是，不找最优秀的人，而是找最合适的人。

张一鸣很会利用原有的人际关系。大学时，他曾经组织过写代码比赛，比赛冠军是化学系的人，比计算机系学生写程序更快。在酷讯时代，张一鸣邀他过去当实习生，随后，他留在了酷讯。张一鸣离开后，承诺不会挖酷讯的员工，但字节跳动成立前，酷讯已经被收购，于是张一鸣顺理成章将他请到了公司。

从原公司九九房离开时，张一鸣带走了不到 10 个人的小团队，其中最重要的两个人就是梁汝波和黄河。黄河之前是独立开发者,积累下不少作品,后来被张一鸣招入九九房。转入今日头条后,担任产品总监,搞笑囧图和内涵段子这两款起家 App,就是他的杰作。

为了认识新的人才,张一鸣在 QQ、微博里分别列出了"可招对象"的分组,开始了"社交招聘"。通过 QQ 和微博,他顺着互联网精英圈的人际关系链,不断发现和接触最需要的陌生人才,直到打动对方,将他们带进字节跳动的大门。字节跳动的前 100 名员工,全部都是张一鸣亲自发出邀请和进行面试的。

此后,张一鸣变得越发繁忙。他将个人微博等社交工具的账号密码和 HR 部门共享,HR 部门会用张一鸣的名字,私信发现的人才。私信的主要话术并不高端:"你好,我是今日头条的×××,我们在做一个项目,你能不能给我们一点儿时间,我们请你吃个饭或者喝个咖啡。"这种招聘方式和电话销售差不多,回复率极低,很多时候发 10 条私信只有 1 条回复,但对于初期的字节跳动来说,这已经是最精准的招聘方法了。

张一鸣和 HR 人员也经常会一天"吃"四顿饭。从上午十一点半约招聘对象吃饭,一点半结束,然后让服务员收拾桌面换一桌菜,再和第二个人继续聊。晚上同样如此。只要饭桌上有了火花,他就会抓住机会,带对方到锦秋家园的公司参观。

好友梁汝波总结说,在做这些事时,张一鸣认人很准,而且"死皮赖脸"。每当他碰到不错的人才,即便当时没招到,张一鸣也会想方设法和对方保持联系,了解对方状况。这种跟踪,最长能保持两三年。

2013 年年初的某天,晚上 11 时,张一鸣罕见地独自驾车,来到传媒大学门口的一家咖啡馆。他此行的目的是见曾强。曾强是投资今日头条的天使投资人刘峻的老部下,也是奇虎 360 的创始员工。

曾强只有这个时间段才有空,而那时已经没有地铁了。于是张一鸣专门从知春路开车过来,这也是曾强唯一一次看到他开车。这次夜谈之后，他和曾强在知春路的咖啡馆又谈了一次，最后一次则是在公司的办公室。第四次见面时，曾强已成为今日头条的正式员工。

基础架构部门是今日头条迅速占领市场的关键。部门成立之初，经常和一些优秀的业务人才有来往，张一鸣很快相中了某位年轻人。但当时，年轻人对加入新公司兴趣不大。张一鸣并不着急，而是每隔半年都会联系对方一次。在联系三次之后，对方终于看清了今日头条的价值，加入了基础架构部门。

赵添曾担任新浪网副总编辑、新浪移动事业部总经理。张一鸣为了说服她加入公司，特意约见她三次。每次见面，张一鸣都在她家小区门口的咖啡馆耐心等候，时间跨度长达数月。面对这样"厚脸皮"的创始人，赵添最终加盟字节跳动，并迅速组建了头条内容运营部门，使得头条号内容覆盖度、专业度、账号生态、作者生态维护都上了新台阶。

对那些不愿意直接见面的人才，张一鸣则能拿出年轻时追女友的耐心"软磨硬泡"。据说，为了挖某位曾在微软工作过的资深工程师，张一鸣像调查记者那样，通过线上和线下的途径全方面了解对方，共计投入了30个小时做信息调查。他不断打电话，向所有能联系到的有关人士打听对方。这些工作，都是为了搜集工程师的信息，参考周围人对他的印象，提前构建出个人画像。画像越是清晰，越有利于张一鸣对他的了解，沟通时，就能直击对方喜好，确认其与公司的主要匹配点。

张一鸣拿到了工程师所有公开的社交联系方式，加完微博，再想办法加微信，然后将对方的朋友圈全部浏览一遍。接下来，在聊天中和对方成为朋友。张一鸣深知，优秀的人才，找工作已经不是简单的谋求一份职业，而是在选择一份事业。正是通过点赞、评论等看似不起眼的小动作，他迅速增进了与对方间的亲密度，并传递公司的企业文化和价值观。

当火候差不多时，张一鸣趁机询问对方是否愿意来公司参观。在和这位工程师陆续线上沟通长达2个月后，他终于得偿所愿，将对方邀请加入公司。

张一鸣深谙吸引不同类型人才的方法，并不是每个高管都需要"磨"来。

2013年5月一天的下午，在盈都大厦10层一间小会议室里，张一鸣和张利东面对面而坐，简单的沟通之后，张一鸣不由分说地站起身来，在小白板上列出种种变量。随着他手中笔走龙蛇，张利东眼前跳跃出"用户量、展示量、点击率、转化率、单价、CPM、CPC"这些熟悉的词汇，但当它们被张一鸣用复杂的推导公式联系在一起时，又开始变得陌生而生涩。随后的两小时内，张一鸣滔滔不绝地详细介绍这套推导公式。其间他解释说，这一切都是为了确保张利东能理解，今日头条的广告盈利体系以及随后每一步的创业步骤，都并非空谈，而是来自精密的算法推导。

张利东在传统广告业界摸爬滚打多年，一直依靠勤勉忠诚和营销技巧来获得盈利，从未见过这样的规划方式。他后来回忆说："实话实说，当时我没完全听懂，但他列公式的行为给我的感觉是震撼，我第一次看见，有人用公式的方式给我推导广告盈利模式。"

这天下午，张一鸣用典型的理工科思维，彻底颠覆了张利东对广告行业的理解。随后，张利东毫不犹豫地跳槽加入字节跳动，并从张一鸣的公式出发，亲手打造出今日头条的广告盈利系统。

创业初期，张一鸣迅速招募了未来让字节跳动受益匪浅的核心高管团队。这个团队的能力远超当时的公司发展阶段，其中包括后来的HR负责人华巍、技术负责人杨震原、今日头条CEO陈林、抖音CEO张楠等。正如张一鸣所说："一名优秀的CEO，首先应该是优秀的HR。"通过不断与人才的高质量对话，张一鸣用平视、对等和保持尊重的交流与沟通方式，为字节跳动的人力资源奠定了坚实的基础，这种沟通方式也随着源源不断的新鲜血液，融入这家公司的文化灵魂。

让年轻员工挑大梁

"Stay young（保持年轻）的人基本没有到天花板，一直保持着自我的成长。"张一鸣说。

字节跳动始终非常喜欢使用年轻员工。到今天，他们接近 10 万人的员工，平均年龄也只有 28 岁。张一鸣的亲身经历证明，年轻人更容易被塑形，他们或许在业务素养上还需要培养，但初入社会的那份干净、单纯与执着，更应被创业者所看重。

抖音成功的故事，证明了让年轻员工挑大梁是正确的。凭借一股不忘初心的力量，这个团队从知春路启航，在漫长冷风中挨过艰难的开头，战胜了流量陡增时的强大压力，得以在中国移动互联网产品的出海航程上越走越远。

如果没有后来的披露，外界可能永远想不到，今天登顶了全世界手机 App 榜单头名的抖音，其初创团队并不亮眼。不到 10 个人的创业团队里，有初出茅庐的产品经理、首次负责整体设计的设计师、刚毕业开始写程序的研发、刚接触互联网的运营实习生……抖音团队领导张楠对他们的评价是"年轻、了不起"，而她自己其实也是"80 后"。

王晓蔚是抖音最初的产品负责人。2016 年 8 月，他刚结束了头条主端的世界杯活动，接手音乐短视频的项目。此时，短视频市场上，快手、小咖秀、美拍风生水起，阳陆育团队打造的 musical.ly 墙内开花墙外香，登顶美国 App Store 榜首。相比之下，今日头条的日活跃用户规模只达到 5000 万，头条视频刚上线，火山视频也只有直播平台。王晓蔚几乎是"一穷二白"，所有资源都是初始状态。

王晓蔚开始到处打电话，他打给了小安。小安曾在两年前做过今日头条的运营实习生，给王晓蔚留下不错的印象。

"我在做一个新项目，要不你来看看？"王晓蔚邀请说。他又说道："一个一两千人的公司，不到十个人的创业团队，看着不行的话，随时都可以走。"

小安同意了，他同样对字节跳动这家公司印象深刻。当他参加了面试后，王晓蔚带他来到中航附近的一家烧烤店，认识了团队其他成员。

产品经理张祎，纹花臂，玩极限运动，每周末都要骑摩托进山，只做过 3 年运营，无产品经理的经验。

内容运营佳靓，活动策划实习生刚转正，熟悉各种小众音乐，对内容运营工作几乎无认知。

用户运营李简，是王晓蔚从火山直播间里挖来的弹唱主播，播音主持专业大三学生，从未接触过互联网行业。

在中航大厦，小安对这个视频软件并不很看好。他只看见产品主页打开，就自动播放全屏视频。和很多面试者一样，小安也"吓了一跳"，他后来坦言，"这是什么鬼，从来没见过。交互太诡异了。"

但眼前这个年轻团队吸引了小安。当烧烤店的背景音乐切到一首小众英文摇滚歌曲时，佳靓随口就说出了歌名。这让小安仿佛被击中，他觉得这个团队很酷，在情感上被他们吸引了。既然大家都喜欢音乐和新鲜事物，为什么不将这件事做成毕业的第一份事业，让所有人一起玩起来？

在字节跳动的牛人群体中，这个团队毫不起眼，他们不声不响地将工位搬到二层楼的角落,开始做人生中的第一款产品。团队盘点了市面上每款短视频产品,发现缺乏时长 15 秒、专注一二线城市的"95 后"的产品。这群年轻人决定将宝压在同龄人身上。

为了迎合目标用户的需求,团队将附近中学的学生邀请到会议室,听他们讨论喜欢什么样的产品。24 岁的产品设计师纪明参考这些意见,做出了重色调、亮色辅助的抖音 logo,并由此构建了整个软件的风格。他每天凌晨两三点上传标注模块,研发小组第二天上班时就能开发,一周后,充满 bug 的抖音第一版开发完成。面对各种问题,设计、研发、技术和产品经理们坐在一起,用年轻人的冲劲,从头开始修改。中航矮楼二层的高台上,是这个团队的工位,夜里两三点钟,整座大楼的灯都灭了,只有他们的灯依然亮着。因为缺乏经验,他们必须做到这么晚,从产品运营到研发小组,没人做过视频或拍照应用,简单到不能再简单的滤镜,都要经过很多遍参数测试。但这些年轻人能快速学习不熟悉的领域,并有足够的热情去慢慢细致打磨。

年轻团队的另一个优势,在于能和早期用户充分沟通。抖音早期用户中,有位技术流意见领袖"薛老湿",他在体验产品后毫不客气地回绝了入驻邀请:"你们的产品太简陋了,就这破车还想上高速?"但用户运营李简并没有放弃,依然每天见缝插针地请"薛老湿"提意见。"薛老湿"告诉他,同类视频产品普遍音画不同步,虽然只有 200~300 毫秒的延迟,不容易被普通用户发掘,但始终是个问题。这个年轻团队决心对此加以挑战,运营、产品、研发、技术小组和"薛老湿"共同视频会议,不断调整版本,还要安慰他先忍耐着用,有新的问题可以再不断解决。

为了从更多的"薛老湿"那里得到建议,抖音团队专门成立了一个技术答疑群,让技术员工和用户直接沟通。碰到在群里说不清楚的问题,他们会直接邀请用户来办公室,字节跳动食堂好吃的评价,就是那时开始流传出去的。

在不断的互动中,产品运营和早期用户结下了同龄人特有的深厚情谊。用户过生日时,运营会寄生日蛋糕和拍摄道具过去。2016年的圣诞节,李简甚至专门申请了信用卡,为远在加拿大的"薛老湿"在亚马逊上选购了一棵圣诞树。而同为"北漂"的运营和早期用户,经常会私下约火锅,相互帮忙学业和情感问题。

一遍又一遍的打包、测试和沟通中,一个多月过去了,"薛老湿"等早期用户终于满意了,他们不再搬运其他平台的视频,而是改用抖音发原创视频。

2017年春节到来了,设计师纪明忽然发现,过年回家的高铁上,许多人都在刷抖音。回到家里,母亲同事上小学六年级的女儿,知道他在抖音工作,拿来笔记本要他签名。纪明知道,团队的努力没有白费。回到北京,他看见用户数据曲线始终向上攀升,仿佛进入了摩擦力微小的滑轨……

在字节跳动,不只是抖音,从之前的西瓜视频、火山小视频,到此后的多闪团队,成员几乎都是"90后",大部分是"95后"。许多产品负责人、市场负责人也都是"90后"。曾担任今日头条CEO的陈林说,字节跳动非常鼓励年轻人,招聘时看重的不是资历,而是聪明、年轻、有冲劲。他信心十足地比较说:"很多公司都在说要给年轻人更多的发展路径,看公司是不是重视年轻人,你去看这个公司重要的产品岗位上产品负责人有多少是年轻人,这个就能看出来。"

正如陈林的比喻,"大家都学驾驶,如果老坐在副驾或者第二排看别人怎么驾驶,永远学不会开车。只有自己尝试开车才行"。字节跳动不会将年轻人安排在副驾驶或第二排,而是一有机会,就将方向盘交给他们,让优秀者不断在竞争中涌现。

透明化带来信任

"像运营产品一样运营公司",这是张一鸣在2015年提出的观点。在该思想引导下,张一鸣创造出了两款最佳产品,一个是今日头条、抖音等广泛意义上的App,另一个产品,就是字节跳动这家公司。这两种产品具有相同的底层逻辑,都是围绕信息管理进行。张一鸣相信,信息流动效率的提升,是推动各种效率的基础。

张一鸣深知,在所有组织机构中,信息即权力。基层员工、他们的上级、上级的上级……不同层级所掌握的信息通常是不均衡的。这种不均衡局面持续发展,就会造成信息的垄断化,导致企业内部沟通环境缺乏信任、权力过度集中,最终降低组织效率。尤其是以年轻员工为主的字节跳动,更离不开透明化的运行。信息透明能产生充分的信任,信任基础上的权力分配使用,才能产生极大的能量。

因此,在字节跳动,中台制的组织架设是企业快速奔跑的硬件,企业文化是推动员工努力提升的软件,而高效流动的信息环境则成为底层架构。字节跳动的管理团队,秉持今日头条和抖音等产品的优化思维,不断地优化内部的信息环境,也是为了优化企业的底层架构。

例如,字节跳动的员工可以在内部查到任何一个同事最近的工作重点(OKR)。新入职的员工可以在WIKI上查看公司所有历史资料。每个普通员工,都有查看头条系所有产品数据的权利,只需要向自己的直属领导者提出申请并获同意即可，并不需要更高层级的人同意。即便是申请和审批程序，也不是为了设限，而是为了确保每个员工能为获取的信息负责。

再如，字节跳动每个双月会举办一次CEO面对面活动，由张一鸣出面回答大家的疑问。答疑地点在公司食堂，以人满为限，其他员工可以看直播。与很多普通企业的"内部作秀"不同，这个CEO面对面活动，本质上是组织基础层级与最高层级的信息同步。无论是近两个月的营收、公司发展情况，还是业务中遇到的疑难问题、对公司对外竞争战略的疑问，普通员工都可以提出并得到张一鸣本人的解答。在提问和解答过程中，双方达成了新的信息均衡。这一会议制度来源于谷歌，同时也有批评与自我批评的革命文化痕迹，字节跳动从中收获的不只是信息均衡，更有上下级拧成一股绳的强大战斗力。

除了信息扁平化流动，张一鸣更鼓励员工的自由表达。赞赏其他竞争对手的产品，在公司内所有会议内容中出现都并不奇怪。而在公司食堂，滚动播出的不是荣誉，而是用户对产品提出的批评意见。因为视频形式更容易引起大家的重视。

随着字节跳动的发展，张一鸣尤其注意避免规模扩大对透明文化的影响。

字节跳动企业文化与雇主品牌负责人徐敏，曾提到过一个故事。他们部门主动制作了一幅漫画，主题是在公司内部"反杠精"。这幅漫画意在提醒员工们提意见时，不要为了反对而反对。

采用漫画形式宣传内部文化，是字节跳动的常用手段。公司的走廊、茶水间、洗手间，随处都能见到各种主题的漫画。

张一鸣看到漫画后，马上找到徐敏。他说："这个主题不合适。我们不能对任何一个提不同意见的同事进行恶意推测。不能说他可能抱有'为了反对而反对'的杠精心态。而且，这会让大家提意见时先自我审查。"总之，他认为这样的主题，会伤害字节跳动自由表达的氛围。在张一鸣的坚持下，这张漫画很快被撤换下来。

另一个类似的故事，围绕"头条圈"展开。

2017年，是字节跳动员工人数增长最快的一年。那年夏天，快速扩张效应带来了一些负面问题，并投射在头条圈（今日头条的内部论坛）内容中。头条圈里出现了各种匿名吐槽和情绪宣泄，这些声音，与反馈和收集内部有价值信息的建圈初衷相违背。在一次专门例会后，管理层花了近一个小时，讨论是否有必要在头条圈采用实名制。

杨翀是字节跳动的高级总监，2015年就加入公司，他参加了这次讨论激烈的会议。他回忆说，这个环节成为当天例会上争论最为激烈的部分。上百参会人员讨论了半小时，各抒己见之后，开始投票。唱票结果显示，支持与反对实名的人各占一半。

支持者认为，匿名带来的噪声，与公司清晰坦诚的文化相违背。而反对者提出，只有匿名，才能保护更多、更丰富的自由表达。

在继续讨论半小时后，支持匿名的声音成为主流。大家逐渐达成共识，认同实名制虽然有其优点，但会导致所有发言者都面临过度压力，正常的情绪无法表达，并不断主动修正措辞。而匿名制能保证信息没有障碍的传递，也是另一种坦诚。

最终，会议决定实行折中方案：鼓励所有人实名讨论，每人匿名发言的次数会被记录下来，并显示在名字旁边。每人在60天内，有3次匿名发帖的机会。

在其他互联网企业中，这件事情大都是中层就能决定，没有必要放在公司所有管理层参加的会议上讨论。但在字节跳动，只要与信息透明化相关，就没有小事。正确处理这些事务，能够让各类信息在企业内部更高效、透明地流动，以此创造高效而单纯的信息环境，从而确保字节跳动作为一个组织运行的底层价值。对这种底层价值的维护，是字节跳动内部管理和企业文化建设的关键。

所有的信息透明，其实最终都是为了能科学管理。基于透明公开的信息环境，张一鸣能相信组织产生的数据，并据此行使 CEO 的岗位权力。

当初，当西瓜视频作为今日头条的栏目变得越来越火爆时，企业内产生了两种观点：一种是张一鸣主张的依旧保留；另一种则由张楠主张，认为中国需要有自己的 YouTube，而且时间已到。为了支撑自己的意见，张楠拿出了充分的数据。这些数据让张一鸣回心转意，赞同西瓜视频的独立。

张一鸣甚至将权力用于公布"负面"沟通信息。在一次 CEO 双月面对面会议上，某员工批评管理层和张一鸣对业务部门不关心、不重视。如此尖锐的内容，使得在座者对是否要把会议纪要按"原文"发出，进行了激烈争论。最终拍板结束争论的，正是张一鸣本人，他拍板要求全部原文发出，一字不差。

从这件事出发，人们看出张一鸣对透明化的尊重。即便作为数万员工的核心，他依然像当年那个编程少年，永远保持对信息输入的敏感性，积极听取各个方向扑面而来的声音。显然，这种敏感性，让张一鸣没有像大多数成功企业家那样以自我认知为核心，为了追求真实的细节，他愿意以"高处不胜寒"作为代价。

透明化的信息流通体制，让字节跳动成为相信结果和数据的公司，在这里，权力并非至高无上的，科学准确的信息才是。这是张一鸣赋予字节跳动最宝贵的基因。

有高效沟通，就不怕没机会。

有人说，如果公司内部永远只有一种声音，那么其中不是充斥错误，就是布满谎言。为了塑造透明信任的环境，企业内部必须有高效沟通的文化氛围，保证多种声音合理、有序地被相互聆听和采纳。

张一鸣对高效沟通的文化氛围的重视，使字节跳动成为不一样的中国企业。在这里，普通员工对上级员工直呼其名，内部职务体系不公开，任何人都能给公司里另一个人的业绩与"字节范儿"考评打分，也有权利给任何一个人打电话直接沟通，甚至包括管理层。这些平等状态的实现，既是透明化的目的，也是塑造高效沟通环境的手段，最终指向的是无障碍。

在字节跳动，一切阻挡高效沟通和分享的障碍物，都被看成需要被消灭的"敌人"。这些障碍物可能是看不见摸不着的心态、约束，也可能是能够提升的技术短板。除了个人表率提倡坦诚沟通，字节跳动更在利用其强大的技术力量，开发和使用工具，破除沟通的短板。

字节跳动始终重视人才。但张一鸣清楚，将这些人招进来，还要利用沟通工具来发挥他们的集体价值。在互联网企业内，先进的沟通工具，对于信息的创造、分发、流转和使用至关重要，是公司最重要的工具平台，能直接改变内部工作方式。而每天耳濡目染先进的工作方式，才会具有先进的工作理念，才会注意到信息最大化透明、声音多元化的意义。

因此，外界的人们很难想象，张一鸣对沟通工具的效率追求到什么程度。哪怕提升效果微乎其微，但只要能做到，他就不会放过。为此，谢欣负责的效率工程部门，不断对公司内部信息流动加以优化，最终打造出了飞书。

字节跳动的发展历史上，曾经使用过不同的沟通工具。张一鸣和团队使用过 Skype、企业微信、Slack 和钉钉等。但每一次，张一鸣都发现这些工具无法完全满足其对沟通效率的要求。于是，就有了飞书。

如果说，App 矩阵更像"星战"系列电影中密密麻麻的克隆人士兵队伍，那么飞书就像是苦心孤诣培养起来的"绝地武士"。与其他字节系产品相比，其技术价值更容易被用户所亲身感知和利用。

可以将飞书看作这家企业的内部协作平台，包括即时沟通、云端文档协作、日历、音视频会议，还有一个继承自主研发和第三方应用的工作台。飞书的功能大而全，这并不新鲜，创新之处在于其中布满了创新点。

例如，字节跳动鼓励群聊，以此尽可能最大范围同步消息。在传统的社交沟通工具中，谁都可以随时建群，然后将成员拉入其中进行讨论。结果则主要呈现为两大极端：谁都想说话，最后找不到原始话题，丢失了关键信息；谁都不想说话，最后只剩下群聊的框架，变成"僵尸群"。为此，飞书增加了"thread"功能，任何新加入群组的人，点击任何一条"thread"的消息，就能完整复原整个讨论的内容。这个功能看起来更像是聊天群与BBS讨论版的综合，大家可以一直保持沟通，直到围绕某个主题问题，形成解决方案。

类似的微创新，在飞书中还有很多，无一不是为了提高沟通效率。

使用飞书对话，所有人的聊天记录都显示在左边。因为张一鸣的理念是，交流即创作。工作中讨论半小时的结果，就应该是一份文本式的会议记录。

如果一个聊天完成了，使用者可以点完成。这个会话就会被收入"已完成"，表示事情讨论完了，保持了页面的简洁。如果有人在这个会话里重新发言，它又会自动跑到收件箱，变成活跃状态。员工还可以选择置顶、稍后处理、关闭提醒、移入会话盒子等方式，对消息进行处理。

飞书有自己的云文档功能。员工可以在飞书云空间里编写云文档，然后将之移入聊天会话，会话界面直接赋予群组成员编辑权限，同事就可以一起写文档、评论和点赞。

线上办公室也是飞书独有的新功能。这并非单纯的音视频会议，而是轻量级的虚拟办公室，直接还原实际办公的场景：某个工作区域的人可以被拉入群组，然后发起线上办公，启动音频通信服务。群组内的成员可以选择加入这个虚拟"办公室"，也可以随时自主离开或静音，避免过度打扰。这样，群组内成员可以随时通过消息方式沟通、说话、讨论，但并不需要音视频会议的仪式感和启动感。如果愿意，线上办公室可以一直挂着，随时沟通，如同所有人真实地处在同一办公室里。

飞书提供的高效率沟通能力，在字节跳动 6.3 亿买下《囧妈》项目中，提供了强劲的支持能力。2020 年春节除夕的前一天，由于疫情防控，春节档电影全部撤档。与此同时，张一鸣确定购买电影的想法。随后的 36 小时内，字节跳动迅速与电影方签约，立即推进技术组做产品专题页的研发、在线观看压力测试。这些工作分别在北京和上海推进，为了确保效率，两地工作人员 24 小时开着视频会议沟通，宛若处于同一个物理空间。

最终，《囧妈》在大年初一零点准时上线，近千万名用户在第一时间观看了影片。

疫情防控期间，字节跳动 5 万多名员工需要每天上报个人健康状况。为了提供辅助工具，公司决定开发"健康报备"应用，将其内嵌到飞书平台上。为此，身处数十个城市的数十名员工参与到这项远程办公中，他们用在线文档将任务拆解，通过日历排期表，确保每个成员看到实时进度。在另一边，他们在各种反馈群里反馈测试情况，让信息在飞书中高效运转。

大年初三，"健康报备"应用在飞书内上线，整个公司的健康情况填写率从个位数上升到近 100%。

飞书最初只是一个沟通工具，伴随着字节跳动的发展，逐渐变成了完整的办公套件。这一现象背后的逻辑，在于张一鸣对信息环境的塑造。

在张一鸣的管理意识中，高效沟通只是手段，而信息环境才是目的。如果信息环境提供的信息杂乱无章、虚假扭曲，决策者做出的决定就会出现很多错误，员工则会在执行中无从下手。构成信息环境的元素包括人、组织、工具和共识，其中最为基础的硬件是工具，提高沟通工具的性能，让所有人沉浸在信息高速流通的氛围中，信息环境就能最大化发掘个人和组织的能力，形成集体共识，推动更为高效的决策与执行。

每个人都是工作节点

张一鸣喜欢从算法角度来诠释 CEO 对企业运行所发挥的作用，"背景而非控制（context, not control）"，让每个人都成为工作节点，则是他多次提到的管理思想精华。

结合计算机程序开发理论语境看待这句话，control 是中心化的、由上而下的控制，相当于 CEO 独自决策顶层事务，每个部门和层级的管理者则分别扮演小型的中心，属于传统的集中式运算。context 则是分散的，意味着所有人能基于各自职责参与到决策中，而非依据中心的指令行事，属于分布式运算。

集中式算法中，处于中心位置的计算机才具有处理能力，其他大多数终端完全不具有处理能力，只能作为输入输出设备。很多企业采用这种思维的管控方式，弊端也很明显，容易形成核心部门过强、其他部门过弱的局面，最终让企业整体反应迟钝。

与此相反，分布式算法内，每台机器都有处理能力，每个新加入的用户，都能提高网络处理能力。即便某一台计算机脱离网络，对网络上其他用户也不会有太大影响。在这一算法中，每台机器都需要给出足够多的上下文，让相关机器明白系统如何工作，并能据此自行分析问题。

张一鸣将字节跳动看成自己最得意的产品，他选择了分布式算法来作为该"产品"的运行方式，OKR 则是其中最重要的目标对齐和管理工具。

选择 OKR 模式，意味着放弃使用层层分解任务的 KPI 模式。

KPI，关键绩效指标，是 key performance indicator 的缩写。如果将一艘货轮从上海到纽约的旅程作为管理目标，船长就需要列举出足够的关键绩效变量来对船员进行考核，包括 GPS 地理信息、平均速度、燃料水平、天气信息等。同样，KPI 能让企业管理层知道"航行路线"是否正确，以便为下一次调整提前做准备。

在传统制造业和服务业管理中，KPI 体系简单明晰，能将公司领导层想要实现的目标逐一分解到最基层，确保每个员工参与其中。但随着市场与行业的不断发展，一个企业在同一时间段，不可能只有"从上海到纽约"这么简单的目标，领导层眼前面对的 KPI 组合方案越来越多。一旦选错，就意味着所有员工都会执行错误的指令，后果显然很严重。因为站在员工角度来看，KPI 更像一道考试题，指明了他们各自在指定时间段需要完成的任务，以及完成任务之后能得到的激励。

因此，KPI 能从最大限度上提高效率，但也有其弊端。例如，员工明知道有些事应该做，但由于其结果没有被写入 KPI 指标体系，无法获得激励，员工就会主动放弃。又如，员工只对自己的过程负责，不需要对最终结果负责，很容易在执行过程中各行其是。

相比之下，OKR 更适应张一鸣眼中的字节跳动。OKR，即目标与关键成果法，代表 objectives 和 key results。OKR 最初由英特尔公司发明，后来被引入谷歌，从此在硅谷被沿用至今，也得到了张一鸣的认可。

相比 KPI 重视考核和激励，OKR 更重视目标管理。这一体系要求员工首先清楚目标，其次对关键结果进行可量化的定义，最后则是执行实现。其中，关键结果的可量化定义最为重要，例如，"使××

产品达到成功"，并非关键结果的合格描述，"使××产品在7月上线，并在10月时拥有150万用户"才是。

在字节跳动，OKR指标通常由三部分组成。以各个团队的领导为例，首先是本部门近期最重要的业务；其次是参照张一鸣的OKR，了解如何从本部门的量化指标去支持；最后是参考其他相关业务部门的OKR，了解是否有重大项目需要本部门支持。普通员工也是以此类推自己的OKR，只不过上下对齐之后，指标范围更换为自身岗位、本团队领导和与自身业务有交集的同事。这样，OKR在字节跳动内就不再只关乎员工本人，而是和工作网络中每个人有关。字节跳动的结果评价，也就由此形成了"360°测评"，员工可以基于OKR对任何人做出评定，别人也一样，所有的评价都是公开的。这样字节跳动能让个体目标和组织目标保持同步，驱动个体的积极性。

字节跳动的每名员工都有自己的OKR记录。在透明化和高效沟通基础上，OKR记录能让字节跳动内所有人都知道任何人的下一步工作是什么，也清楚任何人过去都做过什么。这将让透明的环境更容易产生群体监督作用，也可以方便、合理、有效地随时组建项目团队。

为了方便评测自我和他人，每个人的OKR都是公开的，包括张一鸣本人的。在每两个月的CEO面对面会议和部门业务沟通双月会上，张一鸣都会公开讲自己的OKR进度，并现场打分和自我分析哪里做得不错、哪里做得不好。这样，他对公司的重要决策、战略方向、竞争困难做出梳理和解释，并借此去给各个部门领导以目标提示。

由于每个人的OKR一目了然，在字节跳动，认识的同事见面寒暄很少会问"你最近在忙什么"。这也让OKR首先成为内部沟通工具，其次才是项目管理工具。而当寻求同事协作支持时，也经常会说"把它列入你的OKR吧"，反之，没有列入的事务，都被默认为是重要性靠后的。

OKR体系并不完全以分数高低来评价员工工作，而是以对目标的实际支撑效果评估，给予了员工一定的自主性和创造性。因此，字节跳动的 OKR 也充分体现了信任、自我驱动和追求极致。在创业初期，张一鸣就反对制定公司的 KPI，而是相信员工会自己找方法和路径，去完成 OKR 的目标，指导和度量自身工作是否有效。长期执行这一考核体系，让员工敢于给自己制订很高的目标，而且大多能够完成，甚至超额完成。

同时，张一鸣也会通过 OKR 去关注下属们有没有骄傲，有没有陷入盲目逞强、制订过高目标的状态，因为他相信，高不可攀的目标与过低的目标同样会限制企业的发展。因此，字节跳动的 OKR 优势是允许被调整修改的。一旦发现外部环境发生改变，或这个事情并不值得被跟进，员工就能在系统里做出删减。相关同事就会收到同步提醒，了解删减的事项和原因。

字节跳动之所以采用 OKR，也有重要的前提。首先，公司成立至今，不断拓展新业务来扩大市场规模，所有业务都在摸索中成长起来，这使得字节跳动形成了"鼓励试错"的文化。这种文化引导员工眼中一定要先有目标，再发现错误，以此充实不断尝试的勇气，也便于为员工在新方向的探索中获得足够资源支持。其次，无论是今日头条还是抖音，都属于 C2C（用户到用户）产品。此类型产品更关键的成功因素不是业务，而是人性。产品从开发到运营内的决策，不可能完全由企业领导层和部门管理者来制定，更需要将部分决策权交给身处竞争一线的员工手中。赋能一线员工，敢于放权，就是字节跳动运用 OKR 最出彩的地方。

曾几何时，中国企业一旦增长乏力，就会习惯性地呼唤员工身上的"狼性"。张一鸣所创造的高速增长神话背后，发挥关键作用的，一定不是"狼性"，而是找到了最适合企业与员工的管理工具。OKR 并非万能钥匙，与 KPI 相比，也没有孰优孰劣之分，但张一鸣对 OKR 的深入理解与正确运用，值得每个创业者和领导者思考与学习。

第九章

有性格，有成功

外表如冰，内心似火，可能是对张一鸣并不恰当但形象的描述。刚接触他的人，感叹于他的理性沉静，甚至觉得这种性格表现并不符合他"'80后'知识型亿万富翁"的身份。只有他身边最亲密的战友，才了解张一鸣之所以能取得今天的成就，与他踏出每一步所用心力之深厚，有着必然的关系。

追求成功，不可无性格，但也不能唯性格。能掌控命运与商业飞速运转的轮盘，张一鸣有着常人无法看懂的复杂与简单。

用小我成就大格局

张一鸣是矛盾的。他将自我价值看得很小,梦想却大到无人能识。

2017 年,他在北京参加一个闭门会议。此时的字节跳动刚完成新一轮融资,估值大约 320 亿美元。主持人抛出问题:"你的目标是什么?你的目标是千亿美元估值吗?"张一鸣平和地反问:"为什么要限制我们实现的目标?"

在这个充满变数的交替年代中,估值的数字,根本无法描述张一鸣目标的格局,他胸中装的不只有自己、团队、投资人和公司,而是念兹在兹的全球化。这从别人问他近年来最大的变化时就能看出,他说他的目标是:"从一个总经理,到一个平台型公司的负责人,再到全球平台公司的负责人。"而说出这番话时,字节跳动的海外业务才刚刚起步。

从确定 ByteDance 这个公司名称开始,"全球化"三个字就深深印在张一鸣的脑海中。正如同 20 多年前,马云在阿里巴巴第一次年会上就畅谈征服华尔街的梦想,也如同任正非在缔造华为时,目标首先不是创新,而是全面开放。张一鸣与他们的相似之处在于,踏上起点时无人问津,却以小我之身,努力成就远大格局。而不同之处则在于,张一鸣更加年轻和"普通"。

创业之初,张一鸣既没有马云四处游说的那种过人魅力,也没有任正非已隐约显露的领袖之气。外表看上去他还是像个普通的企业技术主管。2013年年初,字节跳动刚成立,他去拜访金沙江创投的朱啸虎,才聊了15分钟,就被客气地打发走了。朱啸虎那时给他的评价是太过文弱,不像干大事儿的。

除了形象外,"文弱"这个词更多指向张一鸣那种技术人员的严谨气质。彼时,极客公园创始人张鹏与张一鸣聊天,他对张一鸣说,今日头条本质是希望理解人,给人提供更多信息,让人看到更广的世界。那不就是有点"人工智能"的感觉吗?

张鹏本以为他说中了张一鸣的心思,但张一鸣听后却连说三个"不"字,并一脸严肃地纠正说:"今日头条的原理其实是机器学习,还谈不上人工智能。"张鹏一时语塞,但他马上发现了张一鸣的优势所在。张一鸣和很多急于引入投资、喜欢创造概念的创业者不同,并不喜欢说任何大话和空话。

2年之后,张一鸣就干出了"大事儿",红杉、微博等主流资本与产业力量入局今日头条,今日头条估值达5亿美元。在此过程中,他依然不喜欢聊自己的公司未来是否上市,也不喜欢聊公司会通过何种方式盈利,投资人似乎很难从他身上找到其他创业者对金钱的那种强烈渴求。张一鸣自己也承认,他不是对赚钱特别敏感的人。事实证明了他的自我评价,当今日头条成名之后,越来越多的投资人找上门,但张一鸣并不知道开多少价钱合适。在谈判中,他的潜意识反应经常是"差不多就好"和"让投资人先说"。

尽管张一鸣此时的外在形象还是略显"文弱",但外界开始有机会领略到他内心的想象力有多大。

在那时的一个饭局上,有朋友问张一鸣:"如果你的今日头条能卖个好价钱,会不会卖掉?你创业8年,做了4个项目,没做成一件事,现在卖掉公司,是不是好主意?"张一鸣马上放下筷子,语速加快了:"你要看成功的定义是什么。如果是做出10亿人用的产品,那肯定不算。

不过我参与过的产品，像饭否，那是很多人第一次使用微博。我确实还没做出影响10亿人的公司，但趋势还是有的。我们现在在做一件事，让信息能分发到每个需要的人手里。"坐在他对面的朋友，看到张一鸣的眼睛在发光，那是强大到咄咄逼人的光，绝没有丝毫文弱。

2016年，坊间传闻腾讯将入股今日头条时，张一鸣将传言击得粉碎："我创办今日头条，不是为了当腾讯的员工。"随后腾讯陷入"没有梦想"的舆论怀疑时，张一鸣又主动出来支持表态："Pony（马化腾）是我最敬佩的CEO。"这让所有人再次看到他的隐忍、客观与坚定。此后，"头腾大战"的战火延伸到短视频领域，乌镇之夜把酒言欢的互联网企业家朋友，转瞬成为商战对手，但无论在朋友圈还是市场上，张一鸣同样丝毫不落下风。

人们终于意识到，这位创始人懂得在适当的时候，把自己放到适当的位置。在对手面前，他既可以高调如挑战者，也可以低调如小粉丝，无论外在表现如何，内心却永远专注更大的格局。

"龙，能大能小，能升能隐；大则兴云吐雾，小则隐介藏形；升则飞腾于宇宙之间，隐则潜伏于波涛之内。"凭借"无我"的精神力量，张一鸣既能化身为龙，俯瞰全球的互联网格局；又能潜入深渊，看清眼前的每个细节。

人，只有放低自己，才能摆正与世界的关系。对普通人如此，对企业家同样如此。张一鸣专门用"ego"（自我价值感）这个单词来提醒自己，也用来提醒团队所有人。他说："ego小，能看到对手，很多时候看不见，是因为先看见了ego。"他希望字节跳动的所有人都能缩小ego，甚至缩小到原子那么小，这样才不会打乱沟通的视线。更重要的是，ego越小，就意味着彼此之间越坦诚，由这种结构所缔造的组织才最为坚硬，最不易被击穿，距离梦想的格局才最近。

在字节跳动7周年年会上，张一鸣如此总结："ego的反义词是格局，务实和浪漫，本质上就是要做到ego小，并且格局大。"

做正确的事，而不是容易的事

张一鸣相信，在任何时候，都要努力从根本上解决问题，而不是逃避。企业要做正确的事，而不是容易的事，企业家同样如此。这种刨根问底的工作理念，也体现在字节跳动的成长中。

刚搬到新办公室时，气味一直不太好。张一鸣经常听到员工吐槽。于是，他询问房产团队解决的方法。对方回答说，即便按照最高标准测试，新办公室装修的环保质量也未超标。"这是一个行业难题""已经尝试了各种办法""多放几盆绿植就好了"……

张一鸣并不愿意用绿植来自我安慰。他想知道，到底有没有办法解决类似问题。他认为，字节跳动完全可以介入生产环节，去联系材料专家，投入经费，从工艺和流程入手，彻底解决问题。他知道这可能很难，需要一定时间，可能是一个季度、一年甚至几年。但他相信，这值得企业想办法去尝试，并取得突破。因为这件事是正确的，不仅能帮数万名员工解决装修引起的室内质量问题，还可能是很好的商业机会。

张一鸣从不轻易相信那些浅显的解决方案，他认为，如果企业内总是想要用简单的标准去衡量工作目标，那么所谓的追求、梦想、愿景，也就成为每日茶余饭后的闲话。

有一次，张一鸣看见公司人力资源管理（HR）部门写的招聘文案，感到很不满。其中有一条是：招聘项目经理（PM），需有5年以上互联网产品经验,具有 DAU（daily active user,日活跃用户数量）千万量级以上的产品规划和产品迭代实施经验。

张一鸣告诉 HR 说:"按照这个要求,陈林、张楠,我们公司一大批 PM,一个都进不来,连我自己都进不来。别说千万 DAU 产品了,他们加入前,连百万,甚至十万 DAU 的产品也没做过。"

在张一鸣看来,用简单的维度如学历、时间、产品量级,对候选人进行筛选,这是很容易的。但招聘工作不是为了追求容易,而是为了找到正确的人。为此,要看个人特质与岗位要求、企业文化是不是真正契合,要关注和评估个人真正的基本面,即便过程复杂,但只要目标正确,对企业就是有用的。

今日头条成名后不久,公司开始讨论是否开设"公益寻人"功能,张一鸣对此非常赞同。但他提醒所有人,不要做所谓"404 页面[1]"的寻人项目。他说,这种项目,很多公司都做过,在一个原本就打不开的页面链接上,放上寻人启事,等用户看到页面时,失联的小朋友可能都走失一个月了,有什么意义?

张一鸣坚决反对这种"面子公益",他说:"如果都是噱头,不如不做,如果要做,就认真找到能解决问题的办法。"即便是公益行为,他也追求可持续、大范围、高效率,而不是简便易行和节约成本。不久后,"头条寻人"栏目正式上线,基于 LBS（定位服务）技术,实时精准弹窗寻人启事。开通 3 年内,找回了 8000 多名走失者,迅速成为国内最有效的寻人平台。

大到创业方向,小到办公室装修,在无数种可能的答案中,张一

---

[1] 404 页面通常为用户访问了网站上不存在或已删除的页面。服务器返回 404 错误页面,告诉浏览者其所请求的页面不存在或链接错误,同时引导用户使用网站其他页面而不是关闭窗口离开,消除用户的挫败感。

鸣选择的标准都是"正确"而非"容易",并把这称之为务实。他说,选择"正确",也许暂时做不到最好,但其从根本上解决问题的心态是正确的。选择后者,本质上就是偷懒。这种评价答案的标准,解释了他为什么能获得成功。

人们已习惯于对优秀企业家们顶礼膜拜,将他们的故事看成奇迹。然而,商业世界里并没有什么奇迹,有的只是信息不对称带来的误解。很多人在想着什么样的生活和工作方式,才能更容易、更轻松时,张一鸣却敢于并主动以独立思考的姿态,打破信息不对称,选择最正确的创业方向。而当竞争者习惯于路径依赖时,张一鸣却在不断追求正确,跳出习以为常的思维框架。

张一鸣所创造的"奇迹",更多来自对"务实"的追求。他独立观察和思考世界,以此追求真实,世界则回报他以微笑的奖励。张一鸣觉得,"务实"本身是一种浪漫,"晒情怀故意感动别人不是浪漫,独立思考穿越喧嚣是浪漫……"为了这份"浪漫",他并不经常与人争论,而是更愿意将答案留给行动来定义和印证。

独立思考、追求正确,绝非简单的事情,其中充斥着艰难乃至反人性的步骤。即便张一鸣,也并非天生如此。他之所以敢于不断追索正确答案,在于他始终坚持自我思考。他以这个习惯去做决定,创造出了别人意想不到的成绩。即便遭遇失败,他也收获了宝贵的经验,获得了关键的验证。不懈追求的态度,打造出张一鸣坚定的自信,进而被巩固成为独特的方法论,他才以此赢得追随者与资本的信任,有能力继续前行。

做一件正确的事,并不困难。但始终做正确的事,可谓难上加难。张一鸣对此并不畏惧。因为他知道,选择正确,才是他和世界产生互动与联系的起点。与此同时,人们不禁想问,张一鸣追求正确的动力,是否能被复制?在平凡的日子里,普通人又该如何定义"正确的远方"?由此阐发的更多问题,也许比答案本身更为重要。

希望，来自想象和人性的均衡

与很多公司创始人喜欢回忆辛酸创业史不同，张一鸣直言没有觉得创业很艰辛。他说："印象中，当时的日子都是挺快乐的，没有住在地下室里的艰辛，也没有跌宕起伏的曲折故事，每天是一个新的开始，每天都充满希望。"

这份希望，很大程度来自张一鸣对未来的美好想象。

在今日头条还非常简陋、信息非常少的时候，张一鸣想象着头条的信息流，如同连上了一条智能天线。而这看不见的智能天线，又连接着漫无边际的信息海洋。用户在手机上轻轻滑动屏幕，信息流就会从海洋中取回此时此刻用户最感兴趣的信息。这种美好的图景，让张一鸣激动如少年，并因此持续影响着团队。

研发抖音时，张一鸣同样重视想象力。没有想象，抖音很可能最终会变成对口型的热门应用，或者是搞笑视频软件、音乐舞蹈小众软件。正是张一鸣的想象力，让抖音变成一扇窗，承载五彩斑斓世界的投影，让用户透过手机，看到丰富的世界。

表面上看，张一鸣不是那种感性冲动的创业者，动辄高呼"改变世界"的理想口号。但实际上，他认为"务实的浪漫"，比理想主义要更为浪漫，实现希望之后的快乐，也更为真实持久。

张一鸣曾引用过电影《爱丽丝仙境漫游记》里的一句台词："早

餐前，要相信6件不可能发生的事。"但他还是严谨地改动了这句台词，他将"不可能发生的事"改成"理论上可能发生，但事实上还未发生的事"。

张一鸣的希望，来自对这些事情的不断想象与探索。他建议员工也能如此，每天、每月、每年，都去想象有哪些"不做就不会发生"的事情。对于企业，他认为字节跳动应专注思考，是否可以做出超越现有行业水平、目前产品的事情，而且必须更创新、更有价值。

在想象力的B面，是张一鸣追逐希望时，对人性的洞察和利用。这种力量如同乔布斯为人所周知的"现实扭转力场"。在必要的时候，只有正视人性，张一鸣才能带领他的追随者，一步步接近希望。

为了确保整个企业团队的工作气氛、节奏和效率，从2012年至今，字节跳动在公司层面已进行过4次全员的生产工具迭代。很少会有公司如此频繁地更换生产工具，甚至表现出近乎强迫症般的执着。

字节跳动曾经使用过Slack、Skype这些工具，在公司内并非不受好评。Slack受到产品经理和工程师们的喜欢，但它是一款国外软件，甚至无法将群组名称修改为中文，这让其他部门的同事难以适应其产品界面。更换Skype时，很多员工也在原本并不活跃的大群里躁动起来，纷纷表示更换文件和信息非常麻烦。

张一鸣并非字节跳动这艘巨轮上的水手，而是负责航向的船长。尽管类似决策多少都会引起反对，但在推广和执行上，他依然选择了铁腕般的坚决。他将问题交给字节跳动的效率工程部门，由副总裁谢欣负责。张一鸣相信，有时候不去听那些抱怨，抱怨也就自动消失了，而这正是人性的一部分。

果然，面对生产工具的相关议论，谢欣毫不在意。他决定，提前通知员工，约定好更换的时间节点，等到了这天就准时解散软件群组。有这样的雷霆手段，才有了后来的"飞书"。

张一鸣掌控人性的力量，并非总表现在强势的决策和执行。很多时候，他也会主动照顾到人性的需求，以此打造现实与希望之间的微妙平衡。

不少互联网公司会将办公室墙面装饰成与自身产品主色调相符的颜色。当字节跳动对外还以今日头条为品牌名时，有人建议，将墙面刷成"今日头条"logo 的红白配色，这样能在办公室建立匹配的文化与品牌氛围。张一鸣毫不犹豫地拒绝了这个建议，他认为，红白配色涂上墙，对员工办公效率并没有什么帮助，反而容易让他们精神紧张。

办公室是员工工作的场所，效率是决定环境色调的关键因素，其次才应该是文化与品牌氛围的搭建。张一鸣虽然期待理想的企业文化与品牌氛围，但他更尊重员工的本性，并有意识地放弃看似不错的配色方案，为团队建立正向反馈的环境。

张一鸣对人性的尊重，也体现在公司行政管理的流程细节上。在很多企业，提供下午茶时，是将零食、水果集中放置在茶水间，供员工自行取用。但张一鸣很快发现，下午茶的总数量是有限的，有些员工为了能吃到喜欢的零食，会提前去茶水间，这甚至会引发排队。排队，令张一鸣无法忍受，无论生活还是工作中，他都觉得这是引起效率低下的事情。而真正繁忙、需要下午茶的员工，又没有时间过来排队，这导致他们反而无法享受到公司的福利。

为此，张一鸣很快要求取消了传统的发放形式，改成由专人推车，在员工工位之间行走发放。这样，无论员工工作状态如何，都能准时享受到这份福利。

张一鸣性格中的 A 面，是无穷无尽的想象力，这帮助他乘着资本与技术的好风，一路翱翔。而他性格中的 B 面，又是对人性的理解、尊重与利用，这让他从来不会脱离"地气"，始终在万千员工和用户的需求面前，洞若观火。当两者结合，既成就了他性格的底色，无疑也为字节跳动这家公司提供了强大的竞争力。

自省的同时，也要大力出奇迹

在谈到头条系产品时，很多媒体喜欢用"大力出奇迹"这句话形容张一鸣为字节跳动制定的发展战略。随着不断的渲染与信息的传递，"大力出奇迹"被用来反复证明他作为创业者的义无反顾和坚决勇敢。但很少有人清楚，张一鸣最初并不认可这句话。

"大力出奇迹"，是曾经的网红段子。但张一鸣听说这句话，是他在学习台球时从别人处得到的"真传"，对方解释说，如果你不知道怎么打进台球，就用蛮力把它打进去，"大力出奇迹嘛！"

那时，张一鸣没有想到过，创业也可以"大力出奇迹"。相对"大力"，他更相信技术、方向和平台的选择。张一鸣看到过许多草根创业者，遵循"高举高打"的发展路径，虽然很可能有短期效果，但风险与收益比显得并不科学。对此，张一鸣难以认同，他更愿意"道法自然"，觉得找准了合适的角度再开始，才是最稳妥的。

但张一鸣真正拥有属于自己的公司后，开始意识到，企业成长过程中，不同的阶段应该倾向于不同的特定方法论。不同环境条件下，企业适合不同的方法，只要做到正确的匹配，"大力出奇迹"也并非不可接受。

2014年，腾讯微视、微博秒拍的广告，在知春路的地铁里随处可见。张一鸣感觉自己错过了短视频浪潮的兴起。年底，美拍、快手趁势而起，字节跳动更是遗憾不已。2015年新年，张一鸣和团队在冲绳的居酒屋开年会，再次提到了短视频的事情。三味线弹出的乐声在耳边悠悠鸣响，窗外的烟花时不时照亮所有人的眼睛，大家都喝得很高兴，但短视频的话题最后还是不了了之。

2016年年底，整个团队又重新讨论短视频，最终认为不能放弃。张一鸣说，这将是能给世界带来很多改变的事情，还是要大力尝试。不仅要做，还要做好；不仅在国内做，还要在海外做；不仅要在海外做，还要做并购。

所有人都知道，此时已不是短视频创业的最好时机。但张一鸣坚持认为，很多事情一开始做都是困难的，只有调动资源全力以赴，尝试很多次，才可能取得进展。他选择对短视频"大力投入"。此后，才有了字节跳动"All in"抖音，并由此开启了企业对全球市场的进军步伐。

只要张一鸣认定正确的事情，就会不断投入，直到看见成果。但是，张一鸣并非只在乎"大力出奇迹"，他同样看重积极的自我反省。

很早之前，张一鸣就意识到，透明化的内部环境中，CEO职业生涯面临的重要挑战，不但来自外部的激烈竞争，也来自内心。为此，他时常将一句话挂在嘴边："很少或者没有人能够给自己提出有效的要求和批评时，自己的自知、自制力和反省变得尤为重要，能从轻微的意见和异常中发现自己的问题并修正，是一种慎独。"所以，张一鸣从来不是强势型CEO，相反，他会被说服。

在企业内部，张一鸣积极提倡自省文化。除非是应急需要立刻做出的决策，否则，通常重大决策都会暂时搁置起码24小时。目的是让更多信息能传导给决策层，帮助他们完善考虑。即便是经过充分讨论的决定，也会再等一天才对外公布，给大家以思考和梳理的时间。

张一鸣是那种不会将负面情绪传导给身边人的CEO，相比很多传统的企业家，他并不擅长以压力来管理员工。他待人温和包容，共事多年的人回忆说，几乎没有见过他发火。在张一鸣的逻辑中，发火是偷懒，是利用情绪宣泄来绑架事情的进展，而公开责怪下属执行力不够，实际上也是 CEO 承认自己的领导力差。因此，张一鸣更期待员工能学会自我反省，从而有充分的空间来意识到问题。

有一次，张一鸣在飞书上给高级总监杨翀发消息，要他修改部门在某平台上的登录密码。张一鸣建议说："你就该成 ycbyzyjdmm 吧"。

杨翀觉得，这个密码看起来挺怪，但他还是让部门内管理账号的同事修改过来。过了一会儿，在同事提醒下，杨翀突然意识到，这一串看上去不知所云的密码，其实是拼音字母，代表张一鸣提出的要求："杨翀不要再用简单密码。"

另一次，张一鸣在美国出差。按照公司招聘程序，下属通过电邮，将一位已经面试过的候选人简历发给他进行最后审核。下属当时判断，候选人履历很好，面试结果也相当不错，张一鸣既然人在美国，可能就是走个审批形式。但接到电邮后不久，张一鸣就立即回复了他，还将候选人曾经发表过的重要文章都全部搜了一遍。下属说："我感到很惭愧，我没做到，他是在用这种方式告诉我，应该怎么做事。"

熟悉张一鸣的人都知道，在他的领导下工作，不会直接感受到耳提面命带来的压力，"多半是自己给自己压力"。张一鸣对下属们提出的要求，是随时积极自省。因此，即便他没有一句重话，下属也需要随时关注工作结果，确保做到最好。

既相信"大力出奇迹"，也注重自省态度，这是张一鸣面对事业的价值观，也是他个人情绪控制能力的直接体现。他说："同理心是地基，想象力是天空，中间是逻辑和工具。"自省，来自由外向内自我观照的同理心；想象力，让他瞄准奇迹的天空；而逻辑和工具，正是他所崇尚的"大力"。

虽然在多次访谈中，张一鸣声称自己的价值观与公司的价值观不同，公司的价值观更多只是他基于公司的愿景、为实现公司利益最大化所确定的。但是，任何公司的生长过程，总会受到领导者思考体系中底层逻辑原则及预设观念的引导，再通过感性与决策去影响其中每个人。张一鸣与字节跳动之间的关系，也概莫能外。

在这家企业的文化底色中，如果没有自省的同理心，仅依靠理性与想象力，就无法做出真正吸引用户的产品。因为逻辑推理有可能依赖于不全面乃至错误的信息，而想象力可能导致纯粹的感性作用。当然，如果没有充分的想象力去追寻奇迹，产品也很难获得持续丰富、充满生命的驱动力。

张一鸣与他的字节跳动，用实例展示了东西方两种文化共同呈现在企业家与企业身上的结果。东方文化强调内敛，对个人精神世界的自我体察成分更多。而西方文化则重思考、拓展和冒险。在做事与思考上，张一鸣更西方化，但受内心影响更多的是为人处世的态度，他更注重自我反省。这两种优势的结合，使张一鸣拥有强大的精神力量，足以支持公司的行动逻辑，以此挑战当下与未来。

追求成就感,要在挑战中来劲儿

曾几何时,张一鸣喜欢"来劲儿"这个词。在字节跳动的一次早期采访中,他曾经对记者提到了 7 次"来劲儿"。记者问他:"什么是来劲儿的事情?"张一鸣回答说:"对用户有意义、对社会有意义,就叫来劲儿。"在他看来,年轻人赚到第一个 100 万,不算来劲儿,在大公司里用半天时间看书,再用半天时间改进模块,也不算来劲。真正的来劲儿,只能是面对挑战后取得的成功。

作为一名程序员去挑战 bug 和同行,对张一鸣来说只是早期的成功体验。管理字节跳动这样的企业,带领上万人共同挑战竞争对手,才是他心之所向。张一鸣承认,自己是典型的技术宅男,但同时他又很不安分,喜欢有挑战的事情,因此创业并不是为了钱。他曾写道:"如果我是为了达到赚钱的目的来创业,那么,我肯定不会选择这么有难度的创业项目,或者说是做商业变现慢的事情,选择短、平、快的项目岂不是更好?"

张一鸣自认与其他人是不同的。无论哪一次创业,他选择项目的出发点,主要是看自己有没有去做有挑战的事,以及是不是有挑战性、能不能通过挑战成功,给更多人提供价值和便利,而不是简单地以赚多少钱来衡量。

张一鸣同样反对今天的年轻人以事业去投机。他认为,年轻人在选择工作时,不能单纯地看公司短期内是否有很多钱、是否符合当下火热的概念,不能看背后的"金主"是谁,而是要看事业平台是否真的能满足自我挑战、能用最少的钱带来最快的成长、能汇聚最多优秀的人。

他举例说,BAT三巨头在诞生之初,做的也并不是投机的事情,却是很有挑战的事。这句话的潜台词是,只有像马云、马化腾和李彦宏那样,选择与优秀的人共同应对挑战,才能得到来劲儿的回报。

在挑战中获得胜利,带来的固然有丰厚的财富。但张一鸣从中收获的首先是成就感。因此,他并不承认自己在字节跳动之前的创业都是失败的。他以九九房为例,说明自己因这个项目的崛起而满意,即便最终找到资深的管理者接替了自己,也同样收获了很大的成就感。

张一鸣敢于面对自己的野心。他希望每一次创业的成就感,都比前一次更大。在酷讯时期,他的工作能满足每天几十万人搜索特定内容的需要;在海内、饭否时,社交产品联系的人群更多;今日头条起步时,一个月内改变了数千万人的信息获取效力。每一次,张一鸣面对的挑战越大,取得的成就感变得越多,他体会到的意义与价值就越不一样。

但是,张一鸣起初并不完全适应带领集体的管理者角色,"带着团队创新",成为他个人需要应对的挑战。字节跳动成立后,他必须从台后走到台前,对这个转变,他多少有些不习惯,他仍然喜欢做默默无闻的角色,偶尔在深更半夜和几个同事一起讨论技术问题。他想念这样的状态。在面对《财经》记者小晚的那次著名采访时,他坦言:"我不喜欢不确定性,这与我程序员出身有关系,因为程序都是确定的,但事实上CEO是焦虑的最终承担者。"这些话很大程度上真实地反映了他当时的内心世界。

专注技术获得的成就感更为自我、更为直接。张一鸣可以从提出想法开始,到设计编码上线,参与全部过程,并面对不断实现自我想法的惊喜。相比之下，CEO所承担的创新任务来自企业各个方面，这意味着他每天遇到的几乎所有事情，都是在不确定性中做出抉择，而且经常无法直接收获成就感。

但很快，张一鸣认识到，自己不能总沉浸在技术和产品带来的惊喜与成就感中。随着公司发展越来越快，他需要更多的人配合。只有这样，他才能腾出时间，和外界有更多交流，获得更多的信息，才能面对更大挑战。至于CEO的工作，"它反正是个概率分布，你就作最佳决策就行了"。这样的认识，让张一鸣坦然完成了最重要的性格蜕变。

张一鸣不断追求挑战的重要原因，也在于他始终感受到的竞争压力。张一鸣很清楚，做任何一个项目，都会存在竞争。应对竞争最好的办法，就是追求极致、快速地向前跑，以创新带来的升级，去迎接挑战。

张一鸣说，中国的创业者，不仅要有"降级论"，更要有"升级论"，去做一些理论上成立但现实中还没有出现的事情，哪怕从理论到现实之间，可能间隔着无数位创业者。"升级"目标的本身，意味着挑战性，而无数人都在追求"升级"，则意味着更激烈的竞争。企业只有将专注点放在目标和竞争本身，才会努力向前奔跑，而非不断回头看，与竞争对手进行比较。因此，只有将注意力集中在挑战本身，才能避免落败，而如果要在挑战前加上修饰语，张一鸣希望是"悄悄地"挑战。

2020年，一直以来的"悄然"挑战，让张一鸣又制造出新的神话产品，那就是已经风靡全球的TikTok。这个软件所创造的国际业绩和影响力令人震动，腾讯没有做到，阿里也没有，唯独张一鸣做到了。但是，真正让他来劲儿的挑战还远未来到，当新冠病毒卷起的逆全球化巨浪甚嚣尘上时，张一鸣需要拿出更多的创新，带领字节跳动更好地发展壮大。

第十章

新财富缔造者

2020年3月9日，胡润研究院发布《2020胡润全球少壮派白手起家富豪榜》，统计了全球40岁以下（含40岁）且白手起家的拥有10亿美元资产的企业家。排名第一的是脸书创始人、美国企业家马克·扎克伯格，37岁的张一鸣以970亿元人民币身家，排名全球第三。

张一鸣以他神奇的创业经历，收获了无数人做梦也无法企及的事业成就。但他为普通人带来的最大收益，并非手机里无时无刻不在更新的抖音与今日头条，也不是足以津津乐道的商业爆发史，而是如何在信息、金钱、欲望纵横交错的年代中，做一个真正自我独立、内心强大、精神丰富、追求完美的"人"。

阅读者张一鸣

直到今天，张一鸣的演讲水平也谈不上高超。但每个认真聆听过他演讲的人，都能发现他的与众不同。他的演讲内容并不总是围绕商业内容，也不灌鸡汤、抖机灵，更不会用流行段子和词语来迎合听众，人们从中发现更多的是思考过程与价值。这些，源于他多年如一日的阅读习惯。

高一那年的暑假，张一鸣到父亲在东莞开发区的企业帮忙。偌大的厂房与空荡的宿舍中，他经常无事可做。伴着两盘张信哲和陈慧琳的磁带，他将手头3本《在北大听讲座》翻来覆去读了很多遍，触动很大。

大学时期，张一鸣的阅读面迅速扩张。他后来对此解释说，因为可参加的课外活动不太多，所以有很多时间看各种"乱七八糟"的书。大一、大二时，他除了专业书籍，阅读了不少人物传记，也有境内外的专业教科书。后来他强调，教科书是人类知识最浓缩的书。以知识浓度而言，最提纲挈领的肯定是教科书。"在学校，有老师督促完成教科书的学习还是非常重要的。"

看了大量传记之后，张一鸣对未来的择业和创业更有耐心了。他发现，历史上很多伟大者，年轻时所选择的生活也很普通，同样由点滴的事情构成。他意识到，那些传记书籍封皮上闪闪发光的人物，其实也曾是平凡人。只要有耐心，持续在一个领域深耕，同样会取得对应的成绩。

2008年，在微软工作期间，由于工作量轻，张一鸣半年时间内看了很多书。也正是从那时开始，他将自己的阅读痕迹留在豆瓣上。除了技术方面的著作，他阅读的还有《Seven Habits of Highly Effective People》（高效能人士的七个习惯），这是他在豆瓣"读过"里留下的第一本书名，随后则是冯仑、王石、联想、杰克·韦尔奇、思科等企业或企业家传记，还有吴晓波的代表作《激荡三十年》。这些书谈不上高深，但足够经典，加上他已有的创业经历和对大企业的观察，为他奠定了创业的认知基础。

2008年，张一鸣加入饭否网和海内网，直到隔年9月离开。跟王兴合作的一年时光，以酷爱读书闻名的王兴，总会列书单给他。

有一次，张一鸣想知道成功能否复制，便问王兴有没有人在一生中打造出两家世界500强的公司。王兴回答说，有个日本企业家，名叫稻盛和夫。张一鸣在地摊上买到了稻盛和夫的《活法》。那时的他读到书中说"人活着是修炼自己的灵魂"，觉得这话太虚了。看到书中，稻盛和夫认为努力工作、每日精进就是修炼方式，他才感到认同。

离开海内网，张一鸣又读了一遍《UNIX环境高级编程》。之后任九九房CEO的两年多时间，他读了33本书，除了他一贯爱看的心理学书籍，大多是创业以及商业管理类。

2012年，张一鸣带着不到10个人的团队，搬进了知春路锦秋家园民居，开始创办字节跳动。此时的张一鸣颇有压力，这是他人生第一次真正的创业，需要面对的不仅是市场竞争压力，还要完成从程序员到CEO再到创业者的角色改变。后来，当他向记者描述当时的心路历程时，他说："创业就像买彩票，成功是极小概率事件。"张一鸣清楚地了解自己所面临的不确定性，甚至会因为随时可能到来的失败而感到焦虑。2015年3月30日，公司正式成立3周后，张一鸣在豆瓣"想读"里添加了《创新者的窘境》，这本书的概念简单而深刻：为什么颠覆性的创新都不发生在行业的前三名，为什么大企业难以在新技术到来时跨越鸿沟。显然，张一鸣正在用这本书，鼓励此时的自己和团队。

在张一鸣的人生历程中，无论是选大学、交女友、写程序，还是选择自己想去的公司和平台，几乎都没有不确定性。就像他无比熟悉的程序和算法思维，在设定好目标、罗列好代码、排除了bug之后，计算机给出的结果，必定是设计者最初想要得到的。但创业的逻辑与此大相径庭。没有人告诉他应如何做，也没有明确的代码、算法规则可以遵循。创业缺乏明晰路径，从输入到输出的过程各自不同，这导致创业者时常不清楚为何失败，甚至在成功后才开始明白原因。

如何才能成为优秀的创业者，扫清眼前迷雾？没有人能给张一鸣直接的答案。但书本或许可以。

张一鸣随后看的另一本书，是《乔布斯传》，他将这本书的中英文版各看了一遍，对乔布斯的前后对比印象深刻。他总结说，乔布斯早期几乎不去理解什么是管理，埋头于自己执着的产品理念，让整个苹果公司内部怨声载道。而当他重返苹果后，和董事会第一次争执，就是为了要一批期权奖励主要员工。张一鸣说，这显然是乔布斯在离开苹果的那段日子里，对管理有了深度的思考。

随着字节跳动的发展，张一鸣能抽出的完整阅读时间越来越少。在豆瓣和微博上，他推荐和展示的书目开始变少。2014年，他接受采访时也说，目前绝大多数阅读者主要看的就是两类，"创业和美女总裁这两类书""其他的书没有人看"。张一鸣表示："这不是一定要纠正过来，比如说经管类的书，其中很多东西通过很好的文章替代了。"此时，张一鸣业余关注最多的是与小米相关的内容，他每周都要看一篇小米最新的报道、雷军的文章，并觉得这种碎片化的内容"并不比书差"。

从实用的角度来看，张一鸣的看法并没有错，在他已有的知识积累基础上，此时更需要的是"即插即用"的碎片化管理讯息和知识，而这些甚至根本还没有来得及被写入书中。

但这并不代表张一鸣不读书了。此后，他的阅读视野，更多涉足科学、哲学、人类价值观的领域。2015年8月，他在豆瓣"想读"内添加了3本书，《有道德的利己》《阿特拉斯耸耸肩》和《一个无神论者的静修》。2016年，张一鸣和王石对话，说最近最喜欢的书是《人类简史》，"是以色列的一位大师写的，尺度非常大，从生物学到人类演化，从历史学到社会理论，在了解历史之外，还能了解各个学科之间的关系，培养看问题的全局观"。2017年，他"想读"的图书中，除了埃隆·马斯克的自传，其他11本都是哲学或自然人文类的图书，例如《生物心理学》《生物物理学》《寻找薛定谔的猫》等。

张一鸣最新关注的书，是2008年中华书局出版的中英文对照《论语》。2020年元旦那一天，他用"国学"标签，将此书归纳到自己的豆瓣"想读"中。看得出来，当字节跳动的估值越来越高，张一鸣的阅读范围也越来越"形而上学"，越来越围绕企业战略眼光和自我思考层面的实际需要。

由于无处不在的互联网基因，张一鸣与中国万千普通大学生们，拥有了同样的书单整理习惯。他的书单，不仅是观察字节跳动历史发展的另一扇有趣窗口，也是这位年轻的亿万富豪，在以另一种普通网民的角色，为公共信息知识领域做出"微薄"的贡献。

逃逸平庸，方可抵达不凡

张一鸣与许多前辈企业家不同，无论个人还是企业的发展，他至今未被观察到边界所在。而他自己则说，事情没有边界，时间也没有边界，最重要的就是向前跑，寻找更高的标准。

没有边界，源于自我不设界。张一鸣的微博里有一句话："平庸有重力，需要逃逸速度。"所谓的逃逸速度，在百度百科中的解释是人造天体无动力脱离地球引力束缚所需的最小速度。对平庸，张一鸣则专门解释过："不甘于平庸很重要。我说不平庸，并不是专门指薪酬要很高或者技术很好，而是你对自己的标准一定要高。也许你前2年变化得慢，但10年后再看，肯定会非常不一样。"

平庸感何以会束缚张一鸣，他又是如何训练自我的呢？

张一鸣是才华横溢的，在当下，这样的天才型人物最容易耐不住寂寞。一旦陷入短期利益的追逐中，他们很容易忘记初心，在金钱与权力的驱使下自甘平庸。张一鸣并非如此，他在学生时代坚守住了每一个重复的日子，专心致志地为兴趣学习，而在工作后，也并未忘记初心。

在酷讯做爬虫程序，是张一鸣的第一份工作。这时的他工作起来如同超人，从不分哪些是自己该做的、哪些不是自己该做的。做完自己的工作后，对于大部分同事的问题，他都会帮助解决。当时，他比其他人更熟悉代码源（code base），新人入职，只要他有时间，他都会进行讲解。通过讲解，他发现自己也能得到成长。而做这些事情，都是因为自己有兴趣，而不是公司有要求。

从那时到现在，别人看来很辛苦的事，对张一鸣来说，却是高标准的挑战，往往令他很快乐。对他来说，小到在酷讯做代码，大到目标是华尔街的上市，主动做更多，自己和身边人就能得到更多锻炼，学到更多的知识。他将这称为乔布斯口中的"stay young"，并认为这种人基本没有天花板，始终会保持自我的成长。

设定高标准，需要更大的专注力与更强的自我约束力。为了避免平庸，要拒绝那些让人走向平庸的诱惑，大多数普通人无法做到，但张一鸣做到了。

2010年12月8日，当当和优酷上市。张一鸣的不少朋友通过股票套现，走上了财务自由之路。而此时的张一鸣，一年前刚刚经历了饭否网的关停，正带着十来个人创业于九九房，团队面临着挑战、未知和焦虑。如果那时有微信公众号，也许张一鸣同样会因《你被你的同龄人抛弃了》这类刷屏文章而失眠。

但张一鸣当时在微博上写道："看着当当、优酷市值蹭蹭上涨，好几个朋友的股票套现了，大家别羡慕，往前看，多努力。"

他没有被别人的成功打乱节奏，而是耐心做自己，这是对寂寞最好的态度，也避免了因为分心而导致的平庸。此后，他开创今日头条的很长一段时间内，张一鸣也只关注"个性化推荐"这件事，至于其他竞争对手的社交阅读、社会化阅读等，他并没有在意。市场的喧嚣声对他没有太多意义，他只坚持自己认为对的事情。

在坚持确认自我和实践兴趣的同时，张一鸣还永远不会忘记给自己找方法。2010年10月7日的微博里，他这样写道："今天见了一个5年未见的同学和半年未见的同学。其间有位同学说工作生活最近很没意思。其实5年变化已经很大，不过我觉得还不够大，生活的意思完全可以自己找，自己改变人生意思就很大。不要等意思来找你……"

改变的方法，他写在同一天的另一条微博："快到30岁了，感觉这几年又再重新学习、补习本应在青少年时间学习的东西：如何阅读、如何了解自己、如何与人沟通协调、如何安排时间、如何正确地看待别人的意见、如何激励自己、如何写作、如何坚持锻炼身体、如何耐心。"至于如何学习，他在12月15日继续写道："我最近经常问自己：马上有什么可行动，你是行动派吗？很多问题它不会消失，不动（犹豫、抱怨、感叹）肯定是错误，行动就有力量，哪怕是行动的准备行动，唯有行动才能改变事情。"

学习、行动、改变，以此来造就更高标准的自我，成为张一鸣对抗平庸的法宝。他甚至对自己的要求严格到语言词汇与外在形象上。

张一鸣刚创业时，无论接受采访还是面对外界都很少，即便出现也是白T恤、牛仔裤（据说他曾一次性买了近百件凡客诚品的T恤），话也不多。但现在，他出镜时西装革履的时候越来越多，表情和语言也更接近国际化。他学会了如何在色彩冷淡的PPT背景上放一条金句，或者选一张富有视觉冲击力的图片，作为自己瘦小身体的背景；也学会了避免在微博上表露自我的内心状态。这一切都表示他个人的成熟，为了企业，他悄然改变了对自我形象的管理方式。

在张一鸣看来，语言词汇并不是普通的表达细节，而是隐含着一个人对世界与自我关系的认知，代表了潜意识里如何看待平庸与优秀的差别。他曾在微博中写过两次类似话题。

"我一直就觉得类似以下含糊说法在工作中应避免：'应该差不多吧、过两三天大概就可以了、估计再要一点儿时间就接近好了、这个东西也还行吧最好能××××吧、差不多也都行、我过一段弄一下、这样也还是可以的'。"（2010年10月31日）

"沟通中没听明白的话，常因为这些话用了'这个''那样'等代词，或笼统的名词，含糊的形容词、副词、量词替换掉往往'本身还模糊或有分歧的内容'。虽然句子是完整了，但是意思不清楚。然而如果替换的部分是清楚的，并不会听不明白。你要做的就是抓住这个词，还给他们。"（2012年1月24日）

不惑之年尚未到来，张一鸣有能力与决心，不断越过平庸的束缚，朝着不凡奔跑。

延迟满足,加速伟大

在张一鸣读过的书中,《危机感》(《A Sense of Urgency》)对他的影响至关重大。他看这本书的时间是 2011 年 4 月,随即在新浪微博上推荐,当时无人评论,只有 4 个人转发。直到 5 年之后,他接受媒体采访时,还多次提到该书中的主要概念"延迟满足感"。

延迟满足感,来自心理学上著名的"斯坦福棉花糖实验"。20 世纪 60 年代,人格与社会心理学家沃尔特·米歇尔召集一群孩子,向他们说明,可以立即选择一样奖励(通常是很有诱惑力的棉花糖),或者选择等待一段时间,就能得到两倍的奖励。这个实验的结果证明,那些喜欢等待奖励的小孩,通常会有更好的人生表现,包括 SAT("美国高考")成绩、教育成就、身体质量指数等。

显然,喜欢心理学的张一鸣对这个概念很感兴趣。他很快认识到,多数人一生中遇到的问题,都来自不懂得延迟满足感。在这些人心中藏着的"小孩",总是立即伸手拿自己想要的棉花糖,并因此不断受挫。懂得延迟满足感的本质,是战胜这个"小孩",克服心智中固有的弱点,从而得到更多的自由。

显然,张一鸣属于更愿意忍耐和更节制自我的年轻人。而他推出的产品,无论是今日头条还是抖音,又都在利用那些普遍追求即时满足的人性特征。这种强烈的双面对比,造就了看待"延迟满足感"的矛盾。

一方面,张一鸣在他的早期微博里不断提到延迟满足感,总共有 13 条之多。人们从这些文字里,能理解他是如何不断自我灌输这一概念的。

"延迟满足感和坚决告别惰性是'优秀'的最重要两块基石。"
"延迟满足感是一项长期修炼。"
"做产品一定要坚持面对事实,仔细辨析,小心求证,不绕弯、不侥幸、不鸵鸟,延迟满足感。"
"延迟满足感程度在不同量级的人,是没法有效讨论问题的,因为他们愿意触探停留的深度不一样。"
"常言道:以大多数人努力程度之低根本轮不到拼天赋。我的版本:以大多数人满足感延迟程度之低根本轮不到拼天赋。"
……

张一鸣对自己最欣赏的部分,就是延迟满足的能力。向来低调而平易近人的他,甚至认定与延迟满足感程度不同的人,无法有效讨论问题。这足见他何等看重这点。最能诠释其对延迟满足感理解的一段话,被他转发在微博上:"乔布斯说 stay hungry,我以为饥渴有三个层次:贪婪、成就动机、好奇心。三者分别关注:瞬间的结果、持续的过程、和远大的未知。三者也恰好对应三种人:卑劣的投机者、艰辛攀登者与幸福的探索者。"

张一鸣从不过多关注瞬间结果,从高考填报志愿到不断创业,他从未投机。

从酷讯优秀员工到字节跳动 CEO 的转变,实际上是张一鸣以"成就动机"到"好奇心"来寻找"满足感"的过程。他不在乎短期薪酬的差别，而是通过修正代码、管理团队、提升客户满意度来获得成就感。在大学毕业之后就能做到这一点的年轻人，其实本身就少之又少，这决定了张一鸣更高的起点。

张一鸣自己也承认，因为愿意延迟满足，他才能在早期主动做更多，得到更多锻炼，而不是设立界限，斤斤计较哪些是自己应该做的事情。他参与产品设计，参与商业管理，和销售总监见客户，对他未来创业的每一步都提供了宝贵经验，而他在酷讯认识的投资人王琼，更是成为他事业生涯中的重要推手。

但张一鸣并未止步于此，而是期待更幸福的探索过程。他始终怀有对信息分发推荐新形式商业价值的好奇，并最终成就了字节跳动的非凡。

由于期待好奇心能实现的远大未知，张一鸣一次次选择了等待。他曾透露，今日头条开创1年多后，自己就收到了一家互联网巨头企业开出的投资条件，条件非常诱人，让他真正纠结了一周。最后，张一鸣果断拒绝了。他说，这是个"兴奋剂"，在自己内功未成之前，会导致内生力量受到遏制。接受了巨头的援助，就必然会选择站队，进而失去对企业的控制权，也会丢掉今日头条的广阔未来。后来，又传出腾讯想要投资的消息，但他依然用"不想做腾讯的高管"来否认。张一鸣的好奇心战胜了外界所有诱惑，让他纵情驰骋而心无旁骛。他曾对此总结说："当自己无法选择和判断的时候，就要离远一步，远到用更重要的原则和更长时间的尺度来衡量就清楚了。"

事实证明，张一鸣对成功的渴望是强烈的，但保持的距离也足够远，远到他能够耐心设计并守护一切美好事物降临到面前。2016年，有人问他："3年多时间，你做了哪些关键决策，让今日头条从1亿美元估值涨到了100亿美元？"张一鸣脱口而出："大部分重要决策，其实在创业之初头3个月就基本完成了。"而他没有说出口的潜台词是，剩下的时间里,他都在保持充分耐心,去推动并加速产品与企业的成长。如果没有"延迟满足感"的内心警醒,张一鸣很难做到这一点。

　　成长道路上,创业者会遇到很多事情,它们有着明显的好处,但同时也隐含着不为人知的坏处。张一鸣说,面对这类情况,很多人都容易高估好处、低估坏处,这是典型的延迟满足感不足的表现,也是信心不足的问题。在张一鸣眼中,时代变化了,你不需要总是特别着急收获,你要想的是如何将最优目标推得尽可能远,去放大自我的格局,朝着伟大不断加速。

不可自负，更不可理性地自负

很长时间里，张一鸣给外人的印象，都与估值上千亿企业的CEO相距较远。这并不是他的问题，而是观察者视角的偏差问题。人们习惯了马云、王健林、任正非、董明珠这样的老一辈CEO，他们有不眠不休的精力、有缜密客观的逻辑、有见微知著的眼光、有过人的强大毅力……在他们身边，每个下属都会略显黯淡，无论是主动还是被动。

但张一鸣竭力避免这一点，或者说，他从未想过如此。相反，身为"80后"，他始终在避免成为过度中心化的人物，更避免陷入理性自负的陷阱。

张一鸣的理性态度是出名的，甚至被员工评论为"恐怖"。其"恐怖"之处，在于他能理性地看待自己的理性，即不断反思和更新自我的思考体系。

有一段时间，张一鸣曾经因为崇尚理性，而很相信对企业的控制，尤其是在管理团队方面。担任九九房CEO的时候，他有明显的管理洁癖。"希望每件事都能精确发生，所以在管理上抓得很细。"但他后来发现，方向其实比管理更重要，有些公司虽然管理很差，但依然活得很好。所以到了今日头条，他更新了自己的管理方法——并不控制那么多细节，而是理性把握大方向。

此后，张一鸣坚持不在公司内部做绩效评估，并且反感用表格。这似乎有悖于他一贯的理性决策，但事实上也是这种理性让他明白，所有量化指标都不可能被完全准确地设计出来，人为地设定一些条条框框其实是一种过度假设、自欺欺人。对待数据，张一鸣的态度是"可以作为参考，但不是目标"，他如今更关心宏观层面的产品路线以及如何做出正确决策。

在自身角色转换与成长过程中，张一鸣发现，传统的 CEO 角色已经越来越不适应当下。人们熟悉的 CEO 总是扮演"超级计算机"，他做出战略计划，逐层分解之后执行。执行的过程中如果遇到情况，再由基层员工逐步往上汇报，最后向 CEO 汇总信息。CEO 调整计划后，重新定出工作任务，并再次下发。整个循环过程中有审批、流程和大量的管理机制。

张一鸣看来，在这种框架内，CEO 所担任的角色永远存在"理性自负"的风险。他说，人类在判断自己理性控制能力时，经常会出现幻觉。聪明理性的人，则抱有理性的自负。CEO 们大都是成功企业家，他们往往在企业经营的早期，积累了丰富的成功经验。同时，CEO 没有上级，很少被人替换甚至威胁，更容易觉得自己"英明神武"。

但是，人们容易忽视行业本身的动态发展性。CEO 所具有的知识虽然丰富，但在行业不断变化中，依旧是有限的。这导致 CEO 们经常会误以为，自己提出的战略与方法特别美好、模型特别优雅，希望将之大力执行，或者在企业内大范围推行。这样，就忽略了抽象知识和具体形式之间的差距。

张一鸣总结说，理性，往往只适合做抽象知识，而并不总是适合解决具体问题。如果过度放大理性思考和既有经验的作用，CEO 就会表现出"理性的自负"。他曾以比尔·盖茨和乔布斯为例，证明了这一点。

当初，比尔·盖茨按自己的技术理念构建出 Windows Vista，提出了一系列宏大理论，原计划 2003 年上线，但直到 2006 年才真正上线，中间还重构一次，降低了目标，修改了计划，才终于完成。但取得的实际效果却远不如盖茨的构想。而乔布斯刚离开苹果，打造 NeXT 系统时，也提出了看起来非常理想的产品模式，包括优雅的操作系统、完全面向对象的语言，但最终也没有销售多少台。

这些案例证明，再伟大的 CEO，都会有"理性自负"的时刻。在张一鸣看来，CEO 再怎么快速学习成长，也有所局限。超级计算机可以变得越来越强，知识面越来越广，但是人的精力总是有限的，尤其当企业变得越来越大时，创始人总有很多方面不如创业之初。比尔·盖茨在 20 年前是非常优秀的架构师，但到 20 多年后，如果还是要用个人的理念来指导整个大型项目，作用就非常有限了。

张一鸣清楚，在企业管理中想避免类似问题，就要脱离中心化的控制，让员工充分参与进入决策框架，形成分布式的运算系统，利用集体智慧来更快速地输入信息、输出执行。当然，在必要的时候，CEO 依然需要实行中心化控制，例如，紧急情况、重点项目、创新业务、新设立部门和不匹配的职位安排等情况下，他们还是需要个人当机立断，完成决策。

"理性的自负"这一概念，之前从未在中国企业家口中说出，即便在世界范围内，人们也很少在商业色彩浓厚的演讲中听到这个词语。其实，这个词语也并非张一鸣的原创。追溯他这一思想的来源，必然会让人联想到著名经济学家弗里德里希·哈耶克生前留下的最后一本著作《致命的自负》。

在这本书中，哈耶克提出人类文明、市场秩序，这些东西绝非人类有限的理性所能设计的，如果刻意改变其现状，用人类"理性"去重新建构，则必然会受到惩罚。

张一鸣显然读过这本经典名著，并将之运用到对商业规律的理解上。人类商业形态之所以能不断发展，确实离不开理性建立的秩序，这样才能创造出繁荣有序的企业与市场。同时这也注定，有限的个人理性无论多么强大，在理解商业秩序时，必然会产生种种意料之外的问题。因此，如何恰当使用理性，控制住个人理性自负的风险，成为张一鸣面对自我内心与外界现实时的重要法则。

进化系统，再被系统进化

张一鸣喜欢用坐标和矩阵来表现事物。在他眼中，数学才是对事物之间最基础关系的描绘。同时他也喜欢生物学，认为生物从细胞到生态，物种丰富多样，但背后的规律却非常简洁优雅，这对于设计系统或者看待企业经济系统，都会有很多可类比的地方。

张一鸣对数学和生物的独特兴趣，隐喻着他与字节跳动的命运，早已与"进化"联系在一起。

张一鸣对进化有着执念。在自我进化中，能不断提升信息流动的效率，是他创业历史的主旋律。酷讯和九九房时代，他本质上打造的是搜索引擎，提供垂直类信息的分发；饭否和海内，既是社交网站，也是以个人用户作为节点，加快信息流动；今日头条，则飞跃性地提升了所有人获取信息资讯的效率；抖音将载体换成了信息流更为丰富的小视频，站到了 2020 年的移动互联网前列。这其中每一步，都是对前一步的继承与进化。

其实，张一鸣最高效的"进化"，是在多次创业失利之后，打造出字节跳动这家企业。他以与产品相同的理念，赋予字节跳动以极高的组织效率。正是因为有了独一无二的高效，字节跳动才能以迅雷不及掩耳之势推出今日头条，又能用很小的团队力量，孵化出抖音这样的庞然大物。

不少企业中，由于企业领导者忽视了系统的进化，导致企业高速发展一段时间后，完成目标的关键动作变得无法拆解，组织内不同职能所承担的责任也不清晰。这样，公司的组织能力、员工的执行能力都会下降。

对此，张一鸣曾在朋友圈里发表过相应观点："很多事情都是可以改变的，想好之后实施，不行再修改。这要经过思考，但更要迭代。"强有力运行的组织，正如完美的产品，不是一两次设计就能推出，而是"改"出来的。只有不断迭代进化，才能将竞争者甩在身后。

以今日头条为例，从3.2版本到4.0版本，用了7个月时间；4.0到5.0版本，用了1年左右；5.0版本到5.7版本，用了9个月时间。其中，从4.0版本到5.0版本，总共迭代了44个小版本，平均8天1个小版本。如此频繁更新的迭代效率，既来自字节跳动的高效运行，也反过来提升了组织成长的速度。由于每次迭代所得到的结果都将成为下一次迭代的起点，这对企业本身能力提出了更高要求。

系统的进化是循序渐进的过程。当下，几乎已经没有一次性就达到完美的互联网产品，只有通过不断更新换代，不断重复研发步骤，采取小步快跑的姿态，才能逐步接近完美。为此，需要领导者不断对组织进行打磨，努力接近理想状态。具体到产品的进化上，离不开充分运用精准识别的能力，避免将资源浪费于无用之处。研发人员也需要不断收集用户反馈信息和产品使用情况，及时调整产品方向，开发新的功能。

在系统的进化中，"人"不断推动"产品"前进，反过来，"产品"也在不断推动"人"的成长。但其本源动力，来自创业者与员工不断走出舒适圈的决心。张一鸣曾告诫年轻人："你需要拓展自己的边界，直到疼痛为止。"他始终认为，必须不断扩展认知和能力圈，革新自己对世界的思考态度，方能始终跟随时代同步进化。

走出舒适圈，貌似充满"心灵鸡汤"味道，却是进化者共同的选择。人天性喜欢舒适圈，更大原因还在于他们不愿面对不确定性，并设定了探索的边界。正如作家纳西姆·尼古拉斯·塔勒布提出的"黑天鹅效应"：非常不可能发生和无法预测的情境，存在于世界上几乎任何事物中。后来，他还在《反脆弱》一书中更加明确指出，不确定是件好事，既然黑天鹅事件根本无法预测，那么人们能做的，就是学会从不确定性中获益，而不是在意外到来之时自乱阵脚。

选择进化，就需要摒弃对不确定性的恐惧，果断走近更广阔的天地。个人如此，企业也同样如此。张一鸣在打造队伍方面，果断脱离了中式管理哲学，努力消灭层级；推行 OKR 管理体系以取代 KPI；借鉴各家成功企业在不同阶段积累的经验，包括脸书的用户增长、工程师文化，亚马逊的 DAY 1 原则，学习奈飞的企业文化……这些措施在其推出之初，必然也带有相应的不确定性，而张一鸣却能果断推行，无惧风险。除了强大的自信之外，他的力量更在于专注。张一鸣曾说："最近重读了稻盛和夫的《活法》，其中提到专注投入，举的陶瓷工艺改进的例子尤其令我印象深刻。我们做每一件事（写一段程序、写一封邮件、写一个策划）的时候是否在想自己是否全力以赴地认真做了，结果真的不一样？请试试：你能有多专注？"

追求进化本身，不为系统设限，让自己和产品一起进步……这些看起来像是"心灵鸡汤"，但确实是成功者不可或缺的特质。即便再普通的人，当他听见这个时代生命进化的独特节奏，并被其带来的美好体验而触动，他将会为张一鸣故事内的每一个闪光点所感动。这样，人就会如同不断自我调整的算法，随时都参与到所处系统的改变中，寻找到人之为人最有意思的事情。

附 录

张一鸣大事记

1983 年	出生于福建省龙岩市永定县（现名为永定区）。
2001 年	考入南开大学微电子专业，后转入软件工程专业。
2005 年	大学毕业，尝试创业失败。
2006 年	进入酷讯，成为该公司第一位技术员工，工号 003。后担任公司技术主管。
2008 年初	离开酷讯，认识王兴。随后进入微软工作。
2008 年 9 月	应王兴邀请，以技术合伙人身份加入饭否、海内网创业团队。
2009 年 10 月	饭否关闭。创办垂直房产搜索引擎"九九房"。
2010 年	推出掌上租房、掌上买房等 5 款移动应用。
2011 年	"九九房"拿下 150 万用户，成为当时房产类应用的第一名。
2012 年 3 月	获得王琼的天使投资。创办"字节跳动"，地点为北京市海淀区知春路锦秋家园 4 号楼 4 单元 6 楼；推出"内涵段子""搞笑囧图"等软件，引起用户关注。

2012 年 7 月	获得 SIG 海纳亚洲创投基金等数百万美元 A 轮投资。
2012 年 8 月	推出"今日头条"初代版本。从上线到拥有 1000 万用户只用了 90 天。至年底，已激活 1500 万用户。
2013 年 3 月	说服《京华时报》原广告负责人张利东加盟公司；第一份招商计划书出台。2013 年 5 月，"字节跳动"公司迁入盈都大厦 10 层。
2013 年 8 月	获得 DST 集团等共 1000 万美元的 B 轮投资。
2013 年 9 月	在"今日头条"发布个性化推荐信息流广告。
2014 年 6 月	《广州日报》、搜狐对"今日头条"侵犯著作权和不正当竞争行为提起诉讼。
2014 年秋季	访问硅谷。
2014 年 10 月	推出"今日头条媒体平台"，后改名为"头条号"。
2014 年 12 月	推出"头条视频"，后独立为"西瓜视频"。
2015 年 9 月	举办第一届头条号创作者大会，推出"千人万元"补贴奖励计划。
2015 年 11 月	回到母校南开大学并发表演讲。
2015 年 12 月	访问印度，迈出国际化步伐；"今日头条"日活跃用户 (DAU) 突破 3000 万，用户时长占据市场第一位。

2016年2月	"字节跳动"公司迁入中航大厦二层矮楼。
2016年5月	投资了印度新闻应用Dailyhunt。
2016年9月	"抖音"初代版本上线;张一鸣在"头条第二届创作者大会"宣布将拿出至少10亿元,分给头条号短视频创作者。
2016年11月	在乌镇接受采访,正式公开宣布全球化愿景。
2016年12月	接受《财经》记者宋玮(小晚)专访。
2017年4月	正式推出TikTok(抖音海外版)。
2017年8月	斥资8亿美元收购musical.ly,同时收购短视频平台Flipagram、移动新闻服务商News Republic;推出"懂车帝"App。
2017年12月	个人入选2017年中国40位40岁以下的商界精英榜,位居第一。
2018年1~2月	"抖音"日活用户(DAU)从3000万猛冲到7000万,同年突破1.5亿。
2018年4月	公司品牌正式更换为字节跳动(ByteDance),就任字节跳动全球CEO。
2018年6月	"头腾大战"爆发。
2018年10月	字节跳动完成Pre-IPO融资,投前估值达到750亿美元。

2019年2月	字节跳动成为央视2019年春晚社交媒体合作伙伴；个人以950亿元个人财富，入选《2019胡润全球富豪榜》前100名。
2019年6月	字节跳动超越腾讯、百度，成为中国第二大数字广告商。
2019年10月	字节跳动成立Oasis（绿洲计划）项目，布局游戏自行研发业务；向母校南开大学捐赠1亿元，设立"南开大学创新基金"。
2019年12月	字节跳动推出对标百度的搜索业务。
2020年2月	字节跳动斥资6.3亿元买下电影《囧妈》的独播权，面向全球用户免费播放；高调进军长视频领域；字节跳动旗下办公套件飞书宣布，向全国所有企业和组织免费开放，不限规模，不限使用时长。
2020年3月	媒体爆出字节跳动获得900亿~1000亿美元的估值。
2020年4月	TikTok全球下载次数超过20亿次。
2020年5月	迪士尼原副总裁凯文·梅耶尔出任字节跳动COO、TikTok全球CEO。
2020年8月	时任美国总统的唐纳德·特朗普下达45天通牒，要求TikTok剥离美国业务，否则必须停止经营。张一鸣被迫选择拖延战术，就出售事项同微软、甲骨文展开谈判。

2020年12月	字节跳动旗下产品全球月活跃用户数达到19亿，覆盖全球超过150个国家和地区。公司全年实际营收达2366亿元，同比增长111%。
2021年4月30日	原字节跳动CFO周受资被任命为TikTok首席执行官。
2021年5月20日	张一鸣发布内部全员信，宣布卸任字节跳动CEO职位。字节跳动联合创始人、张一鸣的好友梁汝波接任字节跳动CEO及董事长职务。
2021年6月9日	美国总统拜登撤销特朗普针对TikTok的行政命令。
2021年6月22日	张一鸣向家乡福建省龙岩市捐赠5亿元，成立"芳梅教育发展基金"。
2021年8月	字节跳动收购VR一体机厂商Pico。
2021年11月2日	字节跳动进行了组织架构大调整，首次设立6大BU(业务单元)，分别是抖音、大力教育、飞书、火山引擎、朝夕光年和TikTok。
2022年1月	张一鸣不再担任任何公司的法定代表人。

张一鸣名言录

关于思维

◎延迟满足感程度不在一个量级的人,是没法进行有效沟通的。

◎三思而后行,但三思的迭代速度要快。

◎谋事不求易成,具备强烈的成功动机和韧性才能成功。

◎参考别人的意见,只是判断线索,不可作为决定的决心。

◎很多时候不是不理解,甚至不是认识不到,只是不愿意深刻认识到,这往往还是主观在隐隐作怪,最重要的还是做好自己,不去关心不能控制的因素。你的恐慌本身就是最大的问题。

◎应该让肾上腺素和理智一起发挥作用。

◎练习保持耐心,即使是在快节奏和压力的情况下。

◎沟通中没听明白的话,常因为这些话用了"这个""那样"等代词,或笼统的名词,含糊的形容词、副词、量词,替换掉往往"本身还模糊或有分歧的内容"。虽然句子完整了,但是意思不清楚。然而如果替换的部分是清楚的,并不会听不明白。你要做的就是抓住这个词,还给他们。

◎保持开放的心态,避免变成坏中年。

◎人生的差距就是在自我感觉良好中拉开的。

◎没有捷径,如有的话,就是比别人更靠近事实。

◎人们对理性太自信。

◎孤独挺好的，经常是灵感和宁静的来源，有家庭的人只能创造孤独的环境。

◎勇气不是大胆无知，是坚定地去做你真的认为对的东西。

◎四种话：听起来对的错话，听起来对的废话，听起来废话的"对"话，听起来错的"对"话。

◎做媒体要追求真相但又要克制谨慎，做网民要批评丑陋又不要越界变成群体暴力。

◎宋江太想套现了，从来就没野心博个大的。

◎有一种特质是"对最重要的结果不顾一切地强烈追求"。

◎将决策作为一个明确的过程认真对待，并对重要决策记录以复盘，以认识自己。

◎理性的思考&感性的行动＝纠结。

◎谎言的最大弱点是，就是很难编圆了，说越多越不圆。

◎令人兴奋的事情：意识到事情有很大的改进、挑战空间。

◎相对兴奋起来，宁静下来有时候更难。

◎想法的自我强化有逃避现实的嫌疑，首先可以做的是从容淡定一点儿。

◎不自觉的满足感是深入思考的敌人，适度可管理的沮丧则是帮手。

◎在不来劲的时候来劲，在太来劲的时候淡定。

◎谦虚的人能看到自己的不足，自信的人能在知道不足的情况下依然积极。

◎有一些人可用追求卓越来鼓舞，另一些人应以现实回报作激励，但是其实两种方法可以关联起来。我是这样关联的，如，"只要我能改进耐心不足的缺点，就相当于个人将增值30%"。

◎不应太急于下判断，在未必要时过度判断也是浮躁的一种体现。

如提问题少给评论。

◎一忙就忘了分析更好的方法,所以应该效率高、可以强度大,但是要避免情绪上忙。

◎聪明还耐心是有一些矛盾的优点,同时具备两点的人却非常优秀。

◎一点儿不要含糊,含糊代表着侥幸,代表着自我欺骗,代表着自我感觉飘然。

◎低落的状态时情况往往没有感受的难,松懈的时候其实不如想象的容易,人往往难理性。

关于创业

◎强烈的动机比方法更根本。

◎成事不易,猛磕关键点。

◎创业:先拼脑力,次拼体力,再拼耐力,最后拼定力。

◎我特别不喜欢那种我创业因为我有资源、有关系。资源、关系往往对选择判断起负作用。

◎早期分配是艺术,但应尽快走到科学阶段。

◎结婚前有一个不短的谈恋爱的过程,而找创业伙伴的时间却短非常多。如果结婚是合作60年,创业是合作六七年,那么是否应该用1/10的时间谈谈"恋爱"?

◎没有免费的午餐。创业公司要出人头地就要有非常高的自我要求。告别"差不多""还行""先这样吧",告别工作掉链子、拖拉、80分。很多创业公司还不如大公司努力要求高就沉浸在"创业"的状态,或者是只沉浸在工作时间长的伪"创业"状态。

◎非理性让社会存在各种商业机会,非理性让创业公司错过这些机会。不要非理性,要非常理性。

关于人生

◎逃逸平庸的重力，变成超级赛亚人，继续不断练级。

◎对原则最好的保护就是对原则的捍卫而不是妥协。

◎坚持把每天做不同事情花的时间记录下来。

◎坚持原则很多时候是经济的，可以看作是一种短期浮亏而长期受益的投资。

◎应该支持爱人的工作，共同奋斗才是乐趣，稍微辛苦才是幸福。

◎人常会不自觉地记下对自己有利的部分，这是形成委屈的重要原因。

◎以后要让小孩多看看传记，包括电视剧《阿信》那样的也可以，看看别人的风景和旅程，更容易想清楚自己的选择。

◎看历史书最多的心理活动：好在没生在当时。

◎读到一本好书的喜悦比得到一笔金钱更大。人生本来就是获得各种体验，读到一本好书本身是最好的体验之一，而金钱只不过可以更容易获得一些体验。

◎其实知识含量最大的书是教科书(或可以作为教科书的书)。教科书与传记，比因一个观点或一种情怀啰嗦写成的一本书耐看许多。但他们的创作都相当不容易。

◎如果不能正视自己的缺点，试试多回忆总结自己的梦境，梦里不能装。

◎短期交往说话忽悠会有溢价，长期交往说话实在会有溢价。

◎一直认为年轻人在花钱省时间这个事情上应该激进，激进省时间！

◎遇到一本好书很愉快和遇到一个非常值得交往的朋友是相似的。

◎听说有人每天能看一本书，问题还不在看书速度，而是在知易行难，实践的速度赶不上所知的要求，欠账很多。

◎（异地分居）我是做不到的，也不赞同，人生在世就应该尽可能实现价值、体验生活，为了静态的收益而去"忍"？损失生活，损失很大，不是创造的人生。

◎对现实隐忍，对未来有期待，在当下有作为。

关于管理

◎大胆雇佣年轻人。优秀的年轻人也许会犯错，但不会平庸，更划算的是会进步。

◎我希望大家每天睡得饱饱的，精神十足地来工作、来生活。

◎不知从什么时候起互联网公司流行从全世界请美女来跳舞给员工看，比赛穿得少或者CEO恶搞，推出度娘浪姐。感觉是平时压抑太久，年会找个理由群体性狂欢，也不顾女员工感受。这种不真实的兴奋无益于强调创新创意改变社会的互联网公司，向来不爱。

◎迄今，今日头条从未给任何排名机构交过一分钱用来"做数据"，未来也不会介入这种潜规则，所以大家不用在意这些榜，也不用发给我，我现在未来都不看这些榜。另外，我们自己就是数据公司，我们更清楚行业数据。

◎愿景是凝聚人心的，使命是所承担的责任感，核心价值观是做事准则。

◎"Develop a company as a product."（像运营产品一样运营公司）。

◎管理者低估了成员的心理动机。薪酬、成就感、面子是常见的基本动机，但是还有不少，个人的或者细微的差别。

◎我觉得以后团队的工作，不论大小，应把工作的目标定义并分解后，通过邮件发出来。一是这样可以让别人提意见；二是可以避免重复的工作；三是避免定义模糊、理解有误差；四是同时能估计工作量、评估效率方法。清楚、不含糊要成为公司的文化。

◎虽然说速度、质量、成本三者是平衡的关系不可兼得，但是如果信息更充分的话，是能让三者都提高的，这也是信息服务的价值所在。

◎看年轻人的潜力，看他周末几点起，周末在干吗，下班在干吗。甚至不一定要干吗，只要看想些什么。

◎关于福利，好的公司应该争取提供：健康的食品、宜居不远的房子、舒适抗职业病的办公环境，这是真正的人力资本投资。

关于产品

◎关于需求的问题有："没看到的问题"和"没真正想看的问题"，后者其实更本质一些。

◎"很想把设计得更好的或能做好的做出来"，从技术的角度是不错的，但从产品角度就是锤子想找钉子。

◎做产品确实是反人性的，一激动一紧张，就无法体会用户的感受了，并且容易自我强化、轻视用户。既要放松，又要敏感不漏。最后，即使想清楚了，还要能保持良好、合适的节奏。

◎只要抓住主要需求，产品再糙也能取得一定的成功。

◎充满欲望无节制地做产品，肯定完蛋。

◎每天坚持抽看并跟踪10条用户反馈，避免问题疏忽。

◎反复、反复、反复体会需求、体验产品，高强度地使用产品。

关于职场

◎我不反对不同的人和不同阶段的人选择做降级的事情，但是认为，应该有一些人、有一些公司可以有更高的目标，一流的技术人才应该加入顶尖的科技公司，顶尖的科技公司应该敢为天下先。

◎不要加入那些嫁入豪门的公司，嫁入豪门就很难成为豪门；而应该加入优秀公司，和它一起成为豪门。

◎忘掉资历，资历是个锚点，但未必准确。

◎有效性的第一步：知道时间都花在哪儿，排出工作优先级。

◎做不好的就别做了，要做就必须做到非常好。

◎工作上理性，生活中感性。如果反回来则容易一团糟。

◎有难度的不是并发地工作，而是并发多种心情地工作。

◎不需要"制定KPI"，应该自己找数字来指导和度量自己的工作有效性。

◎讨巧地思考解决方案即使算不上是个坏习惯，也起码是一个需要克制的习惯。

◎一时糙可以，但当糙成为习惯就没救了。

◎能和优秀的人做有挑战的事，应该比管人和title(头衔)更重要。

◎对一个产品技术人才，如果要问我什么是值得加入的好公司，短期应该考虑收益是不是稳定、用户增速是不是够快，长期要考虑产品模式、潜在收入规模、行业前景，以及是不是跟优秀的人做有趣、有挑战、有意义的事情。

◎专注且高效的最好状态，是在轻度喜悦和轻度沮丧之间，不太激动，也不太郁闷，并且睡眠充足。

◎能看到产品在进步、用户体验在提高、自己在修炼进步、交流沟通中有智慧有火花、个人回报满意有提高，就是high的关键。

◎发现自己最近老拿《植物大战僵尸》为例子来和同事强调：工作中为什么要分清优先级。

◎很多时候确实应该搞清楚，坦诚面对自己，自己行动和决策的出发点：到底是有利于把事情做好，还是自己的心理和情绪动机。

◎我们做每一件事（写一段程序，写一封邮件，写一个策划）的时候是否在想自己是否全力以赴地认真做了，结果真的不一样？请试试：你能有多专注？